De vijf frustraties van teamwork

Van Patrick Lencioni zijn verschenen:
De drie symptomen van een rotbaan
De vijf valkuilen voor managers

PATRICK LENCIONI

De vijf frustraties van teamwork

Hoe je ervoor zorgt dat samenwerken leuk blijft

Uitgeverij Business Contact
Amsterdam/Antwerpen

Voor mijn vader, die me de waarde van werk leerde;
en voor mijn moeder die me aanmoedigde om te gaan schrijven.

Negende druk, maart 2010

Oorspronkelijke titel: *The Five Dysfunctions of a Team*
Vertaling: Jan Nobel
Omslagontwerp: Studio Jan de Boer BNO
Boekverzorging: LINE UP boek en media bv

ISBN 978 90 470 0196 6
D/2009/0108/022
NUR 801

www.businesscontact.nl

Inhoud

INLEIDING

Uiteindelijk draagt teamwork – en niet geld, strategie of technologie – het meest bij aan het concurrerend vermogen van een bedrijf. Helaas is goed teamwork even belangrijk als zeldzaam.

Een vriend van mij heeft een bedrijf opgezet dat inmiddels een omzet heeft van 1 miljard dollar. Hij heeft de kracht van teamwork goed verwoord toen hij eens zei: 'Als je gedaan kon krijgen dat alle neuzen binnen een organisatie in dezelfde richting staan, zou je, ongeacht de concurrentie, iedere bedrijfstak kunnen domineren, en iedere markt, altijd.'

Telkens als ik die uitspraak voorleg aan een groep leidinggevenden, knikt men onmiddellijk, maar altijd met iets van wanhoop. Men lijkt de waarheid van de uitspraak wel in te zien, maar men twijfelt tegelijkertijd sterk aan de mogelijkheid om het ooit voor elkaar te krijgen.

Dat is precies waarom teamwork zo zeldzaam is. Ondanks alle aandacht die er de afgelopen jaren aan is besteed door onderzoekers, coaches, leraren en de media, is teamwork binnen organisaties nog steeds een ongrijpbaar fenomeen. Teams hebben de sterke neiging, omdat ze nu eenmaal bestaan uit onvolmaakte mensen, niet optimaal te functioneren.

Dat wil echter niet zeggen dat er een vloek rust op teamwork. Verre van dat. In feite is het opzetten van een sterk team zowel mogelijk als opmerkelijk eenvoudig. Toch is het ook bijzonder lastig.

Het is niet anders. Net als zo vaak in het leven komt ook teamwork neer op het beheersen van een aantal gedragingen dat theoretisch gezien ongecompliceerd is. Niettemin is het buitengewoon moeilijk om die gedragingen dag in dag uit in praktijk te brengen.

Succes is alleen weggelegd voor groepen die erin slagen zich te ontworstelen aan de al te menselijke neigingen die teams ondergraven en die zorgen voor negatieve en politiek getinte activiteiten.

Deze stellingen blijken veel breder toepasbaar te zijn dan alleen op teamwork. Eigenlijk ben ik daar min of meer bij toeval opgekomen toen ik op zoek was naar een theorie over leiderschap.

Een paar jaar geleden schreef ik mijn eerste boek, *De vijf verleidingen voor topmanagers*. Centraal daarin staan problematische gedragingen waar leiders hinder van ondervinden. Bij mijn werk met cliënten heb ik gemerkt dat sommigen van hen misbruik maakten van mijn theorieën in een poging de prestaties van hun leidinggevende teams te meten en te verbeteren. En het lukte ze nog ook.

Daardoor werd me duidelijk dat de vijf verzoekingen niet alleen gelden voor individuele leiders, maar, met een paar kleine wijzigingen, ook voor groepen. En niet alleen voor groepen binnen grote bedrijven. Geestelijken, coaches, leraren en anderen hadden de ervaring dat deze ideeën in hun werkveld even bruikbaar waren als in de directievertrekken van een multinational. Zo is dit boek ontstaan.

Net als mijn andere boeken begint dit boek met een verhaal dat zich afspeelt in de context van een realistische maar fictieve organisatie. Ik heb gemerkt dat lezers hierdoor sneller kunnen leren. Ze kunnen zichzelf in een verhaal verliezen en een bepaalde band opbouwen met de personages. Het helpt hen ook te begrijpen hoe deze ideeën kunnen worden toegepast in een niet-theoretische, realistische context, waar de snelheid van werken en het grote aantal zaken dat dagelijks om aandacht vraagt, zelfs de eenvoudigste taak tot een opgave maken.

Om je te helpen het materiaal te gebruiken in je eigen organisatie bespreek ik in een kort gedeelte, na het fictieve verhaal, de vijf frustraties in detail. In dat gedeelte wordt ook het meten van teamprestaties besproken en worden instrumenten aangereikt waarmee je de problemen van je team kunt aanpakken.

Tot slot dit. Hoewel dit boek is gebaseerd op mijn werk met topfunctionarissen en hun teams, zijn de denkbeelden bruikbaar voor iedereen die geïnteresseerd is in teamwork – of je nu leiding geeft aan een kleine afdeling binnen een bedrijf of lid bent van een team dat niet vlekkeloos functioneert. Hoe dan ook, ik hoop oprecht dat het je team helpt de problemen waar het mee kampt te overwinnen. Een goed functionerend team kan meer tot stand brengen dan individuen ooit in hun eentje zouden kunnen. Dat is de kracht van teamwork.

Het verhaal

GELUK

Er was er maar een die dacht dat Catherine de geschikte persoon was om ceo te worden van DecisionTech Inc. Gelukkig voor haar was dat de voorzitter van de raad van bestuur.

Zo kwam het dat Catherine Petersen minder dan een maand nadat de vorige ceo was ontslagen, de teugels in handen nam bij een bedrijf dat twee jaar daarvoor nog een van de meest besproken, financieel gezonde en veelbelovende starters in de recente geschiedenis van Silicon Valley was. Ze kon toen nog niet weten hoe diep het bedrijf in die korte tijd was gezonken en wat de volgende paar maanden voor haar in petto hadden.

Deel 1

Matig presteren

HET ACHTERGRONDVERHAAL

DecisionTech was gevestigd in Half Moon Bay, een kuststadje direct achter de heuvels van de baai van San Francisco. Strikt genomen hoorde het stadje niet bij Silicon Valley, maar die regio is eerder een culturele eenheid dan een geografische. En daar paste DecisionTech prima bij.

Het bedrijf beschikte over het meest ervaren en ook het meest dure managementteam dat men zich kon voorstellen. Verder over een buitengewoon solide ogend businessplan en zoveel topinvesteerders dat het wel een droom leek. Zelfs de meest voorzichtige durfkapitalisten stonden in de rij om te investeren. Getalenteerde technici stuurden hun cv al op toen het bedrijf nog niet eens een kantoor had gehuurd.

Inmiddels was dat alweer bijna twee jaar geleden. Voor een startend technologiebedrijf is dat heel lang. Na de eerste euforische maanden ondervond het bedrijf de ene na de andere teleurstelling. Belangrijke deadlines werden niet gehaald, enkele sleutelfiguren direct onder de directie verlieten onverwachts het bedrijf en de moraal daalde steeds verder. En dat allemaal ondanks de aanzienlijke voordelen die DecisionTech zich had weten te verwerven.

Bij de viering van de tweede verjaardag van het bedrijf besloot het bestuur unaniem Jeff Shanley, de 37-jarige algemeen directeur en medeoprichter van het bedrijf, te vragen op te stappen. Hem werd aangeboden hoofd te worden van de afdeling bedrijfsontwikkeling en tot verrassing van zijn collega's accepteerde hij deze demotie. Hij wilde niet het risico lopen een enorme som geld aan zijn neus voorbij te zien gaan in het geval het bedrijf een beursnotering zou krijgen. Want ondanks het moeilijke economische klimaat in de Valley had het bedrijf redenen genoeg om naar de beurs te gaan.

Geen van de 150 werknemers was echt geschokt door de demotie van Jeff. Terwijl de meesten hem persoonlijk wel leken te mogen, kon niemand ontkennen dat onder zijn bewind de atmosfeer binnen het bedrijf steeds problematischer was geworden. Het elkaar een hak zetten was onder de managers tot kunst verheven. Ieder gevoel van eenheid of vriendschappelijkheid ontbrak. Dat had weer tot gevolg dat van echte betrokkenheid geen sprake was. Het duurde allemaal veel te lang voor er iets gebeurde en als het dan eindelijk gebeurd was, leek het nog steeds niet in orde te zijn.

Misschien zou een ander bestuur meer geduld hebben gehad met een dolend managementteam. Het bestuur van DecisionTech had dat niet. Er stond te veel op het spel en de verwachtingen waren te hooggespannen. Men kon niet passief blijven terwijl het bedrijf aan politieke spelletjes ten onderging. DecisionTech had in de Valley de naam een van de meest verpolitiekte en onplezierige werkgevers te zijn. Het bestuur kon zich dergelijke berichten in de pers niet veroorloven, temeer niet omdat de toekomst er een paar jaar eerder nog zo veelbelovend had uitgezien.

Iemand moest verantwoordelijk zijn voor de chaos en Jeff was de man aan de top. Iedereen leek opgelucht toen het bestuur besloot hem een andere functie te geven.

Drie weken later werd Catherine aangenomen.

CATHERINE

De managers konden het er maar niet over eens worden welke kwaliteiten van Catherine het meest problematisch waren. De keuze was te groot.

Ten eerste was ze oud; bejaard zelfs volgens de maatstaven van Silicon Valley. Catherine was 57.

Veel belangrijker was dat ze geen echte ervaring had met hightech. Ze had alleen in het bestuur gezeten van Trinity Systems, een tamelijk groot technologiebedrijf in San Francisco. Het grootste deel van haar carrière had ze echter doorgebracht in operationele functies bij wat zonder twijfel lowtechbedrijven waren. De meest bekende daarvan was een autofabrikant.

Maar afgezien van haar leeftijd en ervaring leek Catherine ook helemaal niet te passen bij de cultuur van DecisionTech.

Ze was haar loopbaan begonnen in het leger en was vervolgens getrouwd met een leraar annex basketbalcoach aan een plaatselijke high school. Nadat ze drie zoons had grootgebracht, gaf ze een paar jaar les totdat ze ontdekte dat ze affiniteit had met het bedrijfsleven.

Op 37-jarige leeftijd schreef Catherine zich in voor een driejarige avondcursus bedrijfseconomie. Die opleiding voltooide ze een semester voor het einde van het laatste jaar. Dat was op California State Hayward, nou niet bepaald Harvard of Stanford. Daarna was ze vijftien jaar bij productiebedrijven actief geweest totdat ze op 54-jarige leeftijd stopte met werken.

Het feit dat Catherine een vrouw was, vond het managementteam niet bezwaarlijk. Twee van hen waren zelf vrouw. De teamleden hadden vooral veel ervaring opgedaan in de wat vooruitstrevende wereld van de hightech. De meesten hadden weleens voor vrouwen gewerkt. Maar zelfs als haar vrouwzijn een probleem was geweest voor een van hen zou die kwestie in het niet zijn gevallen bij haar totaal afwijkende cultuur.

Ontegenzeggelijk was Catherine op papier een ouderwetse fabrieksmanager. Het contrast met de managers en middenmanagers van DecisionTech was groot. De meesten hadden weinig ervaring met werk buiten de Valley. Sommigen van hen pochten zelfs dat ze nadat ze waren afgestudeerd nooit meer een pak hadden gedragen, behalve op een enkele bruiloft.

Het was dan ook niet verwonderlijk dat de leden van het bestuur zich na lezing van haar cv afvroegen of hun voorzitter wel goed bij zijn hoofd was toen hij opperde Catherine in dienst te nemen. Uiteindelijk wist hij hen over de streep te trekken.

Om te beginnen geloofde het bestuur de voorzitter toen deze verzekerde dat Catherine zou slagen. Ten tweede stond hij bekend om zijn buitengewoon goede intuïtie als het om mensen ging. De problemen met Jeff stonden daarbuiten. De bestuursleden gingen ervanuit dat de voorzitter zeker niet twee keer achter elkaar in de fout zou gaan.

Maar het belangrijkste van alles was misschien wel, ook al wilde niemand dat toegeven, dat de situatie bij DecisionTech rampzalig was. De voorzitter benadrukte dat er, gezien de stand van zaken bij het gehavende bedrijf, maar weinig capabele managers bereid waren zo'n lastige job op zich te nemen. 'We zouden ons gelukkig moeten prijzen dat we over zo'n bekwame leidinggevende als Catherine kunnen beschikken,' stelde hij. Hij kreeg zijn zin.

Of dat nu wel of niet klopte, de voorzitter was vastbesloten om iemand aan te nemen die hij kende en kon vertrouwen. Toen hij Catherine opbelde om haar over de baan te vertellen, kon hij absoluut nog niet weten dat hij zijn beslissing een paar weken later al zou betreuren.

DE WARE REDEN

Niemand was door het aanbod meer verrast dan Catherine zelf. Ook al kende ze de voorzitter al jaren persoonlijk – Catherine had hem voor het eerst ontmoet toen zijn oudste zoon door haar man op high school gecoacht werd – zij had er geen idee van dat ze als manager bij hem zo hoog aangeschreven stond.

Hun relatie was vooral een sociale relatie geweest. Daarin hadden hun gezinnen, de school en de plaatselijke sportvereniging centraal gestaan. Catherine had gedacht dat de voorzitter haar, buiten haar rol als moeder en echtgenote van de trainer, nauwelijks kende.

De voorzitter had de loopbaan van Catherine echter al jaren met belangstelling gevolgd. Hij had zich erover verbaasd hoe succesvol ze was geweest met haar betrekkelijk bescheiden opleiding. Binnen vijf jaar was ze coo geworden van de enige autofabriek in het gebied van de baai, een Amerikaans-Japanse joint venture. Ze werkte daar bijna tien jaar en maakte van het bedrijf een van de meest succesvolle samenwerkingsverbanden van het land. Hoewel de voorzitter weinig verstand had van de auto-industrie, wist hij één ding zeker: Catherine had een buitengewoon talent voor het bouwen van teams. Dat had hem ervan overtuigd dat zij de aangewezen persoon was om de problemen bij DecisionTech aan te pakken.

WRIJVING

De managers van DecisionTech hadden zo hun twijfels gehad bij het bericht dat Catherine zou worden aangenomen. Ze begonnen zich pas echt zorgen te maken toen hun nieuwe leider twee weken aan het werk was.

Het ging er niet om dat Catherine iets controversieels deed of iets wat misplaatst was; het ging erom dat ze bijna niets deed.

Afgezien van een korte ontvangst op haar eerste dag en de daaropvolgende gesprekken met al haar directe ondergeschikten, deed Catherine bijna de hele dag niets anders dan door de kantoren wandelen. Zij praatte met de leden van haar staf en observeerde zoveel ze maar kon de gang van zaken bij vergaderingen. Het meest controversieel van alles was misschien wel dat ze Jeff Shanley vroeg de wekelijkse managementvergaderingen te blijven voorzitten. Het enige wat zij daar zelf deed, was luisteren en aantekeningen maken.

De enige echte actie die Catherine die eerste weken ondernam, was het aankondigen van een reeks tweedaagse managementbijeenkomsten in Napa Valley voor de volgende paar maanden. Het leek wel alsof ze bewust ammunitie tegen zichzelf aandroeg: niemand kon geloven dat ze het lef had hen zoveel dagen van het werk te houden terwijl er zoveel te doen was.

En om alles nog erger te maken, reageerde Catherine afwijzend toen iemand een discussieonderwerp voor de eerste bijeenkomst aandroeg. Ze had haar eigen agenda al klaar.

Zelfs de voorzitter was verbaasd en een beetje ontdaan door de eerste berichten over het optreden van Catherine. Hij kwam tot de conclusie dat als zij toch niet de geschikte persoon bleek te zijn, hij zijn handen van haar zou aftrekken. Waarschijnlijk zou het daar wel op uitdraaien.

OBSERVATIES

Nadat Catherine gedurende twee weken de problemen bij DecisionTech had geïnventariseerd vroeg ze zich serieus af of ze de baan wel had moeten aannemen. Maar ze wist ook dat er maar een kleine kans was geweest dat ze het niet had gedaan. Van thuiszitten was ze een beetje lui geworden en een nieuwe uitdaging vond ze heerlijk.

Zonder twijfel vormde DecisionTech een echte uitdaging. Toch leek met deze uitdaging meer aan de hand te zijn. Hoewel ze nooit echt bang was geweest voor een mislukking kon Catherine niet ontkennen dat ze het geen prettig vooruitzicht vond de verwachtingen van de voorzitter te beschamen. Het was voor niemand een prettig idee om aan het eind van een loopbaan de eigen reputatie nog eens flink te zien afbrokkelen. Dat moest zelfs iemand als Catherine die blaakte van het zelfvertrouwen met zorg vervullen.

Na haar contract bij het leger te hebben uitgediend, haar zoons te hebben opgevoed, talloze basketbalwedstrijden te hebben bekeken en in de clinch te hebben gelegen met vertegenwoordigers van vakbonden, besloot Catherine dat ze zich niet zou laten intimideren door een paar yuppen, die in hun leven nog niets ergers hadden meegemaakt dan de eerste tekenen van een terugwijkende haarlijn en een uitdijende taille. Ze was er nog altijd van overtuigd dat ze bij DecisionTech een ommekeer teweeg kon brengen. Het bestuur moest haar daarvoor wel voldoende tijd en speelruimte toestaan.

Catherine maakte zich er niet druk over dat ze geen software-expert was. Eigenlijk vond ze dat dit juist in haar voordeel was. Een groot deel van het personeel leek bijna verlamd door de eigen technische expertise. Alsof ze allemaal persoonlijk verantwoordelijk waren voor de programmering en het ontwerp van de producten die het bedrijf tot bloei zouden brengen.

Catherine wist maar al te goed dat Jack Welch zelf geen expert hoefde te zijn op het gebied van broodroosters om van General Electric een succes te maken. Herb Kelleher hoefde niet eerst heel lang in vliegtuigen te zitten om Southwest Airlines te kunnen opzetten. Catherine was ervan overtuigd dat haar kennis van software en technologie ruimschoots volstond om DecisionTech de weg omhoog te kunnen wijzen.

Toen ze de baan aannam, kon ze echter niet weten hoe gebrekkig haar managementteam functioneerde. Evenmin kon ze weten dat ze zou worden uitgedaagd op een manier die volkomen nieuw voor haar was.

HET MANAGEMENT

De managers van DecisionTech werden door het overige personeel de staf genoemd. Niemand sprak van een team en Catherine merkte dat dit niet toevallig was.

Hoewel de leden van de staf over flink wat intelligentie beschikten en konden bogen op opleidingen van naam, bleef hun gedrag ver achter bij wat Catherine ooit had meegemaakt in de autobranche. Ook al kwam het niet tot openlijke vijandigheden en waren er geen echte woordenwisselingen, de onderhuidse spanning was voelbaar. Een besluit leek nooit te kunnen worden genomen. De discussies verliepen traag en waren oninteressant. Er werd nauwelijks echt van gedachten gewisseld. Iedereen leek vooral erg uit te zien naar het einde van de vergadering.

Niettemin, hoe slecht het team ook functioneerde, individueel beschouwd leken het allemaal goedbedoelende en redelijke mensen. Een paar uitzonderingen daargelaten.

JEFF – DE VORIGE CEO, BUSINESS DEVELOPMENT

Jeff was in wezen een generalist en hij deed niets liever dan netwerken in de Valley. Hij had een aanzienlijk deel van het startkapitaal van het bedrijf bijeengebracht en veel managers bij DecisionTech hadden hun baan aan hem te danken. Niemand kon zijn kwaliteiten ontkennen als het ging om het binnenhalen van durfkapitaal of het aannemen van mensen. Maar management was een ander verhaal.

Jeff leidde vergaderingen alsof hij de president was van een studentenvereniging die voorlas uit een boek over etiquette. Voorafgaand aan iedere vergadering stelde hij een agenda op, na de vergadering zorgde hij voor gedetailleerde notulen. Anders dan gebruikelijk bij de meeste andere hightechbedrijven begonnen zijn vergaderingen meestal op tijd en werden ze ook volgens planning afgesloten. Het feit dat nooit iemand tevreden leek te zijn over deze vergaderingen leek hem niet te deren.

Ondanks zijn lagere functie behield Jeff zijn zetel in de raad van bestuur. Aanvankelijk vermoedde Catherine dat hij een wrok tegen haar zou koesteren omdat zij zijn functie had overgenomen. Ze kwam echter al snel tot de conclusie dat Jeff blij was ontheven te zijn van zijn verantwoordelijkheden als manager. Catherine maakte zich weinig zorgen over zijn aanwezigheid in de raad van bestuur of in haar managementteam. Ze ging ervan uit dat hij het hart op de goede plaats had.

MICKEY – MARKETING

Marketing was voor DecisionTech van eminent belang en het bestuur was zeer verheugd geweest dat het iemand had kunnen strikken die zo geroemd werd als Michele Bebe. Mickey, zoals ze graag werd genoemd, stond in de hele Valley bekend als een genie in het opbouwen van merken. Daarom was het des te verrassender dat het haar totaal ontbrak aan een aantal belangrijke sociale vaardigheden.

Tijdens vergaderingen was zij meer aan het woord dan de anderen. Af en toe bracht ze een briljant idee naar voren. Vaker nog klaagde ze dat het bij de andere bedrijven waar zij gewerkt had altijd beter was gegaan dan bij DecisionTech. Het was bijna alsof ze een toeschouwer was bij haar nieuwe bedrijf, of beter nog, een slachtoffer van de omstandigheden. Hoewel ze nooit openlijk ruzie maakte met een van haar collega's, stond ze erom bekend met haar ogen te rollen als een van hen het niet eens was met wat zij te zeggen had over marketing. Catherine stelde vast dat Mickey er geen idee van had hoe ze bij anderen overkwam. Niemand zou zich bewust zo gedragen.

Ondanks haar talent en haar prestaties was het daarom geen verrassing voor Catherine dat Mickey het minst populair was bij de overige stafleden. Met uitzondering misschien van Martin.

MARTIN – HOOFD TECHNOLOGIE

Als stichter van het bedrijf had Martin Gilmore van alle mensen die bij DecisionTech werkten, nog het meest weg van een uitvinder. Hij had aan de wieg gestaan van de originele presentatie van het paradepaardje van het bedrijf. Hoewel anderen veel hadden gedaan aan de eigenlijke productontwikkeling zeiden de managers vaak dat Martin de schatbewaarder was. Die analogie was voor een deel ook te wijten aan het feit dat Martin een Brits paspoort bezat.

Martin ging ervan uit dat er in de Valley niemand was die meer verstand had van technologie dan hij. Waarschijnlijk was dat waar. Hij had graden behaald aan Berkeley en Cambridge en een prima staat van dienst als de belangrijkste architect van twee andere technologiebedrijven. Hij werd beschouwd als het belangrijkste concurrentievoordeel van DecisionTech; in ieder geval op het punt van human capital.

Anders dan Mickey verstoorde Martin de personeelsvergaderingen niet. Eigenlijk deed hij maar zelden mee. Niet dat hij weigerde de vergaderingen bij te wonen (zelfs Jeff zou zo'n duidelijk teken van revolte niet toestaan), maar hij had altijd zijn laptop aanstaan en hij leek voortdurend bezig met zijn e-mail of iets van dien aard. Alleen wanneer iemand een feitelijk onjuiste uitspraak deed, kon men er zeker van zijn dat Martin met commentaar zou komen. Doorgaans op sarcastische toon.

Eerst leek dit de collega's van Martin aanvaardbaar en misschien wel amusant. Ze hadden ontzag voor zijn intellect. Na verloop van tijd begon men er toch genoeg van te krijgen. Nu het bedrijf moest zien te overleven, vormde zijn gedrag een toenemende bron van irritatie en frustratie.

JR – VERKOOP

Om hem niet te verwarren met Jeff Shanley noemde iedereen het hoofd van de afdeling verkoop JR. Zijn echte naam was Jeff Rawlins. Hij leek zelf te genieten van zijn bijnaam. Hij was een ervaren verkoper en een beetje ouder dan de anderen – midden 40.

Doorgaans had hij een bruine teint, hij was nooit brutaal en hij was altijd bereid te doen wat de staf hem vroeg.

Helaas maakte JR het maar zelden waar. Als bleek dat hij tekort was geschoten en moest erkennen dat hij een belofte niet was nagekomen, verontschuldigde hij zich uitgebreid bij iedereen die hij had teleurgesteld.

Ondanks zijn gekte, zoals de staf het noemde, wist hij op grond van zijn staat van dienst een zeker respect af te dwingen bij zijn collega's. Voordat hij naar DecisionTech kwam, had hij nog nooit een kwartaaldoelstelling gemist.

CARLOS – KLANTENONDERSTEUNING

Hoewel DecisionTech maar weinig klanten had, was het bestuur er sterk van doordrongen dat het bedrijf vroeg moest investeren in klantenservice om te kunnen groeien. Carlos Amador had samen met Mickey bij twee andere bedrijven gewerkt en zij had hem hier geïntroduceerd. Dat had wel iets ironisch aangezien het moeilijk was zich twee mensen voor te stellen die minder met elkaar gemeen hadden.

Carlos sprak weinig maar als hij iets zei was het altijd belangrijk en constructief. Tijdens vergaderingen luisterde hij oplettend. Hij maakte veel uren zonder te klagen en deed, als iemand hem ernaar vroeg, alsof zijn vroegere prestaties weinig om het lijf hadden gehad. Als er iemand was die weinig aandacht vroeg en die betrouwbaar was, dan was het Carlos wel.

Catherine was blij dat ze zich over ten minste één van haar directe ondergeschikten geen zorgen hoefde te maken. Zijn bereidheid verantwoordelijkheid op zich te nemen voor productkwaliteit en andere onaantrekkelijke verplichtingen die anders zouden blijven liggen, stelde haar in staat zich te concentreren op meer urgente zaken. Niettemin had ze ook vragen. Zijn functie was nog niet volledig tot ontwikkeling gekomen.

JANE – HOOFD FINANCIËN

De rol van het hoofd financiën was van groot belang geweest voor DecisionTech en zou dat ook blijven zolang het bedrijf de bedoeling had naar de beurs te gaan. Jane Mersino wist waar ze aan begon toen ze bij het bedrijf kwam werken. Ze had een sleutelrol gespeeld bij het ondersteunen van Jeff toen hij bij durfkapitalisten en andere investeerders indrukwekkende geldbedragen lospeuterde.

Jane had een buitengewoon oog voor details en ze was trots op haar kennis van de bedrijfstak. Ze ging met het geld van het bedrijf om alsof het van haarzelf was. Terwijl het bestuur Jeff en de staf in wezen vrij had gelaten voor wat betreft de uitgaven, had het dat alleen maar gedaan omdat het wist dat Jane niet zou toestaan dat de dingen uit de hand liepen.

NICK – HOOFD DAGELIJKSE LEIDING, COO

Het laatste lid van het managementteam was op papier de meest indrukwekkende. Nick Farrell was directeur field operations geweest bij een grote computerfabrikant in het midwesten. Hij was met zijn gezin naar Californië verhuisd om bij DecisionTech te kunnen werken. Helaas voor hem was zijn taak binnen het team het slechtst omschreven.

Officieel was Nick coo van het bedrijf, maar de enige reden daarvoor was dat hij zelf om die titel had gevraagd. Anders had hij de baan niet genomen. Jeff en de raad van bestuur hadden hem die titel gegeven omdat ze geloofden dat hij die binnen een jaar zou verdienen. Daarvoor hoefde hij alleen zijn doelstelling te halen. Nog belangrijker was echter dat ze verslaafd waren geraakt aan het binnenhalen van topmanagers en als ze Nick kwijtraakten zou hun aandeel in de winst dalen.

Van alle managers had Nick het meest last gehad van de haperende start van het bedrijf. Gegeven de beperkingen van Jeff als manager was Nick aangetrokken om voor de groei van DecisionTech te zorgen. Dat betekende dat hij de operationele infrastructuur diende op te zetten, dat hij over de hele wereld nieuwe kantoren moest openen en dat hij leiding diende te geven aan de activiteiten op het gebied van acquisitie en integratie. Wat zijn taken betreft bestonden er momenteel geen grote problemen. Nick kwam deze dagen niet bepaald om in het werk.

Ondanks zijn frustraties klaagde Nick niet openlijk. Integendeel, hij deed er alles aan om relaties met zijn collega's op te bouwen. Ook al waren die soms aan de oppervlakkige kant. Voor zichzelf had hij vastgesteld dat zijn collega's vergeleken met hem inferieur waren. En hoewel hij zoiets nooit zou zeggen, vond hij dat hij zelf de enige manager bij het bedrijf was die gekwalificeerd was voor de rol van ceo. Dat zou echter maar al te snel duidelijk worden.

Deel 2

De vonk ontsteken

DE EERSTE TEST

Het leek niet meer dan een van die vele standaard e-mailberichten die Catherine regelmatig ontving nu ze een tijdje aan het werk was. Het onderwerp leek onschuldig: een klantenbijeenkomst de week daarop. Het leek zelfs positief als je bedacht dat het bericht afkomstig was van Martin, haar technische man. Het was een kort bericht. De meest schadelijke berichten zijn doorgaans kort.

Het was niet gericht aan iemand in het bijzonder, het was bedoeld voor het hele managementteam. Dat maakte het bericht niet minder explosief.

> *Net een bericht ontvangen van* ASA *Manufacturing. Ze zijn geïnteresseerd in een presentatie van ons product in verband met een mogelijke aanschaf het volgende kwartaal.* JR *en ik gaan hen volgende week opzoeken. Zou een heel grote kans kunnen zijn. Dinsdagochtend zijn we er weer.*

Wat de situatie voor Catherine nog ernstiger maakte, was dat Martin geen woord vuil maakte aan het feit dat zijn plan botste met het voorgenomen verblijf van het managementteam in Napa. Hij had bovendien geen toestemming gevraagd om de eerste anderhalve dag daarvan te missen. Misschien vond hij dat niet nodig, misschien wilde hij het probleem liever helemaal vermijden. Catherine besloot dat het er niet toe deed welke van de twee mogelijkheden de juiste was.

Ze weerstond de verleiding om een confrontatie met Martin te vermijden door op zijn e-mail te reageren. Catherine besloot dat dit haar eerste waarheidsmoment zou zijn als ceo. En waarheidsmomenten, zo wist ze, kunnen het best onder vier ogen plaatsvinden.

Catherine arriveerde bij Martin terwijl hij in zijn kantoor zijn e-mail zat te lezen. Hij zat met zijn rug naar de open deur. Ze klopte niet.

'Sorry, Martin.' Catherine wachtte tot Martin zich had omgedraaid, wat hij op zijn gemak deed. 'Ik heb net je e-mail gezien over ASA.'

Hij knikte en Catherine vervolgde. 'Dat is fantastisch. Maar we zullen die afspraak een paar dagen moeten opschuiven vanwege ons verblijf in Napa.'

Even was het ongemakkelijk stil, toen antwoordde hij zonder emotie maar in zijn vetste Engelse accent: 'Ik geloof niet dat je het begrijpt. Dit is een verkoopkans. Die ga je niet even uitstellen...'

Catherine onderbrak hem en zei heel zakelijk. 'Nee, ik begrijp het maar al te goed. Maar ik denk dat ze de volgende week ook nog belangstelling hebben.'

Daar hij er niet aan gewend was eenvoudigweg tegengesproken te worden, raakte Martin licht geïrriteerd. 'Als je je zorgen maakt over dat uitje naar Napa denk ik dat onze prioriteiten niet liggen waar ze behoren te liggen. We moeten daarheen om te verkopen.'

Catherine haalde diep adem en glimlachte om haar frustratie te verbergen. 'Ten eerste heb ik op dit ogenblik maar één prioriteit: we moeten ervoor zorgen dat we een team worden. Als dat niet gebeurt, gaan we helemaal niets meer verkopen.'

Martin zweeg.

Een paar tellen later maakte Catherine een eind aan het gesprek. 'Ik zie je volgende week in Napa.' Ze stond al op het punt om weg te lopen toen ze zich nog een keer rechtstreeks tot Martin wendde. 'Laat het me weten als je hulp nodig hebt bij het verplaatsen van die bijeenkomst. Ik ken Bob Tennyson, hun CEO. Hij zit samen met mij in het bestuur van Trinity en ik heb nog iets van hem tegoed.'

Ze verliet zijn kamer. Hoewel Martin besloot het er op dat ogenblik bij te laten, was de zaak voor hem nog niet voorbij.

DE AFLOOP

De volgende morgen liep Jeff het kantoor van Catherine binnen. Hij nodigde haar uit voor de lunch. Hoewel ze van plan was geweest een boodschap te gaan doen, paste ze haar planning graag aan voor een van haar managers. Het oudste Mexicaanse restaurant in Half Moon Bay was een goede gelegenheid voor een lastig gesprek, dacht hij. Meestal zaten er alleen mensen uit de buurt te eten.

Voordat Jeff kans zag zijn onderwerp aan de orde te stellen, begon Catherine zelf over iets anders. 'Jeff, ik wil je nog bedanken voor het leiden van de vergaderingen van het managementteam de afgelopen twee weken. Daardoor kon ik het rustig aan doen en overal mijn licht opsteken.'

Met een beleefd knikje accepteerde hij haar summiere maar oprechte dankbetuiging.

Catherine ging verder. 'Na ons uitstapje van volgende week zal ik het van je overnemen. Maar ik wil ook zeggen dat je je niet hoeft in te houden tijdens vergaderingen. Je moet net zo goed meedoen als ieder ander lid van het managementteam.'

Jeff knikte. 'Oké, ik denk niet dat dat een probleem zal zijn.' Hij moest even moed verzamelen alvorens te zeggen wat hem op het hart lag. Terwijl hij zenuwachtig zijn bestek recht legde, begon hij met: 'Je noemde net dat uitstapje, daar zou ik je graag iets over vragen.'

'Ga je gang.' Dat Jeff zich zo ongemakkelijk voelde, vond Catherine lichtelijk amusant. Ze had een vraag verwacht over haar onenigheid met Martin. Ze voelde zich rustig en vol vertrouwen.

'Toen ik gisteren naar huis ging, heb ik nog even met Martin staan praten op het parkeerterrein.' Hij wachtte even in de hoop dat Catherine hem zou onderbreken en zelf zou verder gaan. Dat deed ze niet, reden waarom Jeff zei: 'Hij vertelde mij iets over die bijeenkomst bij ASA en het probleem met de agenda voor het verblijf in Napa.'

Opnieuw aarzelde Jeff. Hij hoopte dat zijn nieuwe baas zo goed zou zijn hem te onderbreken. Dat deed ze ook, maar alleen om hem aan te moedigen door te gaan. 'Ja?'

Jeff ging verder. 'Nou, hij gelooft, en eerlijk gezegd denk ik dat ik het met hem eens ben, dat een bijeenkomst met een klant belangrijker is dan een interne vergadering. Daarom denk ik dat we het goed zouden moeten vinden als hij en JR de eerste dag of zo van het uitstapje zouden missen.'

Catherine koos haar woorden zorgvuldig. 'Jeff, ik begrijp wat je wilt zeggen en ik heb er geen enkel probleem mee dat je het niet met mij eens bent, zeker als je me dat rechtstreeks vertelt.'

Een moment was Jeff opgelucht.

'Ik ben echter aangenomen om ervoor te zorgen dat deze organisatie functioneert en op dit ogenblik doet ze dat niet.'

Jeff leek zich af te vragen of hij zich op zijn plaats gezet voelde of boos was. Daarom verduidelijkte Catherine: 'Ik bekritiseer je niet om wat je tot nu toe gedaan hebt. Ik heb de indruk dat niemand zich meer zorgen maakt over het bedrijf dan jij.' Nu zijn ego gerustgesteld was, ging Catherine verder. 'Maar als team zitten we volledig aan de grond. Een enkele verkoopbijeenkomst zal geen belangrijke invloed hebben op onze toekomst, zeker niet zolang we de problemen rond de bedrijfsleiding niet hebben opgelost.'

Aangezien hij Catherine niet erg goed kende, besloot Jeff dat een voortzetting van het gesprek vruchteloos was en zelfs schadelijk kon zijn voor zijn loopbaan. Hij knikte alsof hij wilde zeggen: *Oké, jij hebt het voor het zeggen*. Vervolgens zaten ze wat te babbelen en aten ze een van de snelste lunches in de geschiedenis van Half Moon Bay. Daarna keerden ze terug naar kantoor.

EEN GRENS AANGEVEN

Catherine was niet van haar stuk gebracht door het gesprek met Jeff. Ze wist zeker dat ze van de andere stafleden nog iets zou horen over het incident met Martin. Maar ze had niet verwacht dat de voorzitter contact zou opnemen.

Toen hij haar die avond thuis opbelde, was haar eerste gedachte dat hij haar wilde steunen.

'Ik had net een telefoongesprek met Jeff,' legde hij vriendelijk uit.

'Dan zul je ook wel gehoord hebben over mijn botsing met Martin.'

Catherines humoristische en vertrouwelijke houding bracht de voorzitter ertoe een meer serieuze toon aan te slaan. 'Jazeker, ik maak me een beetje zorgen.'

Catherine was verrast. 'Echt waar?'

'Kijk, Catherine, je weet dat ik niet van plan ben te zeggen hoe je dit moet aanpakken, maar misschien zou je toch moeten proberen een paar bruggen te bouwen voor je begint er een in brand te steken.'

Catherine wachtte even voor ze antwoordde. Hoe verbaast ze ook was door de zorgen van de voorzitter, zo voelde zich bijzonder kalm. Onmiddellijk was ze weer de ceo. 'Oké, wat ik nu ga zeggen is absoluut niet defensief of grof bedoeld.'

'Dat weet ik, Catherine.'

'Mooi, want ik zal er niet omheen draaien – niet tegenover jou.'

'Dat waardeer ik.'

'Misschien doe je dat niet meer nadat je me gehoord hebt.'

Hij lachte geforceerd. 'Oké, ik zit.'

'Ten eerste moet je niet denken dat ik maar naar hartelust vuurtjes stook omdat ik dat leuk vind. De afgelopen twee weken heb ik deze mensen nauwkeurig geobserveerd en alles wat ik doe en alles wat ik nog zal doen, is doelgericht en doelbewust. Ik greep Martin niet in de kraag omdat ik daar op dat moment zin in had.'

'Dat weet ik, ik bedoel...'

Catherine viel hem beleefd in de rede. 'Ik wil graag uitspreken. Dit is belangrijk.'

'Oké, ga door.'

'Kijk, als je wist hoe je moest doen wat ik probeer te doen, zou je mij niet nodig hebben, is het wel?'

'Daar heb je gelijk in.'

'Echt, ik waardeer je betrokkenheid bij het bedrijf en bij mij. Ik weet dat je het in beide opzichten goed meent. Maar als ik afga op dit telefoongesprek moet ik zeggen dat je goede bedoelingen het bedrijf meer schade berokkenen dan helpen.'

'Sorry, maar dat begrijp ik niet.'

Catherine ging verder. 'De afgelopen anderhalf jaar ben je druk in de weer geweest met Jeff en de rest van het team. Je hebt er meer werk van gemaakt dan de meeste bestuursvoorzitters zouden doen. Je hebt gezien hoe dit team steeds slechter ging functioneren en in een chaos verzeild raakte. Nu heb je mij gevraagd je te helpen daar iets aan te doen. Want dat is toch wat je wilt?'

'Natuurlijk. Dat is precies wat ik wil.'

'Dan heb ik deze vraag voor je: ben je bereid om de consequenties te aanvaarden als je me dit laat doen? Hier moet je niet meteen een antwoord op geven.' Hij wilde net iets zeggen. 'Denk er even over na.'

Ze liet de vraag even bezinken voor ze verder ging. 'Het zal niet gemakkelijk of leuk zijn. Niet voor het bedrijf, niet voor de managers, niet voor mij en niet voor jou.'

De voorzitter deed er het zwijgen toe. Hij weerstond de verleiding om haar ervan te verzekeren dat hij bereid was alles te doen wat zij nodig vond.

Catherine interpreteerde zijn stilzwijgen als toestemming om verder te gaan met haar pittige les. 'Waarschijnlijk heb je mijn man wel eens horen zeggen dat een team dat niet functioneert net een gebroken arm of been is; zetten is altijd pijnlijk en soms moet je het opnieuw breken om te zorgen dat het goed geneest. En dat laatste is heel wat pijnlijker dan de oorspronkelijke breuk, omdat je het nu met opzet moet doen.'

Na een lange pauze zei de voorzitter. 'Oké Catherine, ik begrijp het. Doe wat je moet doen. Ik zal je niet in de weg staan.'

Catherine twijfelde er niet aan dat hij het meende.

Toen zei hij: 'Toch heb ik nog een laatste vraag: hoeveel denk je dat je opnieuw zult moeten breken?'

'Dat wil ik eind van de maand weten.'

NAPA

Catherine had bewust gekozen voor Napa Valley. Het was niet zo ver dat het lange reizen en extra uitgaven met zich meebracht. Toch was het ver genoeg om zich er helemaal tussenuit te voelen. Ook op mensen die al vaak in Napa Valley waren geweest, leek het iedere keer weer een rustgevende invloed te hebben.

Het hotel waar de bijeenkomst zou plaatsvinden was een soort herberg in de stad Yountville. Catherine kwam daar graag. Buiten het hoogseizoen was het redelijk van prijs en men had er de beschikking over een grote en comfortabele conferentieruimte. Die ruimte bevond zich op de tweede verdieping, had een eigen balkon en bood uitzicht over uitgestrekte wijngaarden.

De bijeenkomst zou die ochtend om negen uur beginnen. Dat betekende voor de meeste leden van het team dat ze vroeg uit de veren moesten. Om kwart voor negen was iedereen er. Men had zich gemeld bij de receptie en zat nu rond de conferentietafel. Iedereen, met uitzondering van Martin.

Hoewel niemand het over hem had, maakte de manier waarop ze naar hun horloges keken duidelijk dat ze zich allemaal afvroegen of hij op tijd zou komen. Zelfs Catherine leek nerveus.

Ze wilde de bijeenkomst niet beginnen met een reprimande voor iemand die te laat kwam. Heel even voelde ze paniek. Ze vroeg zich af wat ze moest doen als hij helemaal niet kwam opdagen. Ze kon hem toch niet ontslaan omdat hij bij een vergadering verstek liet gaan? Zou ze zoveel krediet hebben bij het bestuur? Hoe waardevol was die kerel eigenlijk?

Toen Martin om een minuut voor negen binnenkwam, slaakte Catherine zonder dat de anderen het konden horen een zucht van verlichting. Ze vond dat ze zich niet zo druk had moeten maken.

Ze troostte zich met de gedachte dat ze nu kon beginnen met wat ze al een maand had willen doen. Hoe bezorgd ze ook was over de houding van de mensen aan tafel, het viel niet te ontkennen dat het vooral vanwege dit soort momenten was dat ze graag leiding gaf.

DE TOESPRAAK

Martin ging zitten op de enige vrije stoel aan het einde van de vergadertafel, recht tegenover Catherine. Zodra hij zat, haalde hij zijn laptop uit zijn koffer en legde die recht voor zich op tafel. Hij opende hem nog niet.

Vastbesloten zich niet te laten afleiden glimlachte Catherine naar haar mensen en sprak hen rustig en vriendelijk toe.

'Goedemorgen allemaal. Ik wil beginnen met een paar dingen te zeggen. Het zal niet de laatste keer zijn dat ik ze zeg.' Niemand wist hoe serieus Catherine deze laatste opmerking meende.

'Wij hebben een meer ervaren en meer getalenteerd managementteam dan welke concurrent ook. We beschikken over meer financiële middelen dan zij. Dankzij Martin en zijn team hebben we ook een betere kerntechnologie. Bovendien beschikken we over een daadkrachtig bestuur. Ondanks dit alles hebben we het nakijken als het gaat om omzet en klantengroei. Is er hier iemand die me dat kan uitleggen?'

Stilte.

Catherine ging verder op dezelfde warme toon waarmee ze ook begonnen was. 'Ik heb gesproken met alle leden van het bestuur, ik heb met jullie allemaal afzonderlijk tijd doorgebracht en ik heb gesproken met de meeste van onze werknemers. Voor mij is nu wel duidelijk wat ons probleem is.' Ze pauzeerde even voor ze haar gedachtegang voltooide. 'Wij functioneren niet als een team. In feite functioneren we nauwelijks.'

Enkele stafleden gluurden even naar Jeff om te zien hoe hij zou reageren. Met hem leek alles in orde. Catherine kon de spanning voelen.

'Dit is niet bedoeld als een aanval op Jeff of iemand anders in het bijzonder. Het is gewoon een feit. Een feit waar we de komende twee dagen bij zullen stilstaan. Ik besef heel goed hoe belachelijk en ongelofelijk jullie het vinden om deze maand zoveel dagen buiten kantoor door te brengen. Maar als alles eenmaal achter de rug is, zal iedereen die er dan nog is, begrijpen hoe belangrijk dit is.'

Iedereen keek op bij deze laatste opmerking. 'Ik wil er duidelijk over zijn dat er bij DecisionTech de komende maand iets zal veranderen en het is heel goed mogelijk dat sommigen van ons het nieuwe bedrijf geen plek zullen vinden waar ze willen werken. Dat is geen dreigement en ook geen dramatische truc. Ik denk ook aan niemand in het bijzonder. Het is gewoon een reële mogelijkheid en het heeft geen zin dat te ontkennen. Stuk voor stuk zijn wij heel gewild op de arbeidsmarkt en het zal voor niemand het eind van de wereld betekenen als hij of zij moet vertrekken als dat beter is voor het bedrijf – en voor het team.'

Catherine stond op en liep naar het bord. Ze zorgde ervoor niet arrogant of neerbuigend over te komen. 'Ik wil iedereen die zich misschien afvraagt wat dit allemaal betekent, duidelijk maken dat alles wat we hier gaan doen te maken heeft met één enkel punt: zorgen dat dit bedrijf een succes wordt. Dat is alles. We zijn hier niet om zoete broodjes te bakken.'

Enkele stafleden zaten te grinniken.

'We zullen zeker niet hand in hand gaan staan, liedjes zingen of uit de kleren gaan.'

Terwijl de anderen in lachen uitbarsten, wist Martin een glimlach te produceren.

'Ik wil voor alles duidelijk maken dat er maar één reden is waarom we op een plaats buiten het bedrijf bij elkaar zijn gekomen. Om dezelfde reden werken we bij ons bedrijf: om resultaten te boeken. Dat is volgens mij de enige echte maatstaf voor het meten van de prestaties van een team. Daar zal alles wat we hier doen om draaien, vandaag en zolang als we hier zijn. Ik verwacht dat we volgend jaar en het jaar daarop zullen kunnen terugkijken op een groei van de omzet, de winstgevendheid, het vasthouden van klanten en de klanttevredenheid. En als de stemming op de markt gunstig is misschien wel op een beursgang. Ik weet zeker dat niets daarvan zal gebeuren als we de problemen die ons nu verhinderen op te treden als een team, niet aanpakken.'

Catherine wachtte even om iedereen de kans te geven haar boodschap tot zich te laten doordringen. Toen ging ze verder. 'Daarom is nu de vraag hoe we dit gaan aanpakken. Door de jaren heen ben ik tot de conclusie gekomen dat er vijf redenen kunnen zijn waarom teams niet functioneren.'

Ze tekende een driehoek op het bord en deelde die met vier horizontale lijnen in vijf delen. [Zie pagina 61.]

Catherine richtte zich weer tot de groep. 'De komende twee dagen zullen we dit model invullen en de problemen stuk voor stuk bekijken. Je zult direct merken dat dit absoluut geen moderne wetenschap is. Op papier lijkt het zelfs buitengewoon simpel. De kunst is om het in praktijk te brengen.

Op dit moment wil ik beginnen met het eerste probleem: de afwezigheid van *vertrouwen*.' Ze draaide zich om en schreef die zinsnede in het onderste gedeelte van de driehoek.

De aanwezigen lazen de woorden in stilte en de meesten fronsten hun wenkbrauwen alsof ze wilden zeggen: *Is dat alles wat je te bieden hebt?*

Catherine had dit verwacht en ging verder. 'Vertrouwen is de fundering van echt teamwerk. Dit eerste probleem betekent dat de teamleden er niet in slagen elkaar te begrijpen en zich voor elkaar open op te stellen. En als dat wat soft lijkt, laat me dan meteen duidelijk stellen dat het dat absoluut niet is. Het is een wezenlijk en kritisch onderdeel bij de opbouw van een team. Waarschijnlijk is het zelfs het belangrijkste onderdeel.'

Sommige aanwezigen konden zo te zien een toelichting wel gebruiken.

'Goed functionerende teams houden zich niet in. Ze zijn niet bang om de vuile was buiten te hangen. Ze geven hun fouten toe, hun zwakheden, hun zorgen en dat doen ze zonder angst voor represailles.'

De meesten leken dit punt te accepteren, zij het ook zonder veel enthousiasme.

Catherine ging verder. 'Het gaat erom dat we, als we elkaar niet vertrouwen – en het lijkt erop dat we dat niet doen – niet in staat zijn een team te vormen dat uiteindelijk resultaten boekt. Daarom gaan we ons eerst op dat punt concentreren.'

TEGENGAS

Het bleef stil totdat Jane haar hand opstak.

Catherine glimlachte. 'Ik ben wel ooit onderwijzeres geweest, maar je hoeft je hand niet op te steken als je iets wilt zeggen. Voel je vrij om iets naar voren te brengen.'

Jane knikte. 'Het is niet om negatief te zijn of om je tegen te spreken, maar ik vroeg me gewoon af waarom je denkt dat we elkaar niet vertrouwen. Zou het niet kunnen zijn dat je ons nog niet erg goed kent?'

Catherine dacht even na, want ze wilde een goed doordacht antwoord geven. 'Mijn inschatting is gebaseerd op behoorlijk wat informatie, Jane. Veelzeggende uitlatingen van het bestuur, van werknemers, maar ook van jullie zelf.'

Jane leek tevreden met het antwoord, maar Catherine besloot er nog iets aan toe te voegen. 'Ik moet je ook zeggen dat ik iets anders nog veel onthullender vond. Dat er een vertrouwensprobleem is, maak ik op uit het gebrek aan debatten tijdens stafvergaderingen, maar ook bij andere teamaangelegenheden. Maar laat ik daar niet op vooruitlopen, dat is een heel ander onderdeel van het model.'

Maar Nick was nog niet overtuigd. 'Maar dat betekent toch niet per definitie dat er geen vertrouwen is?' De vraag had veel weg van een bewering. Iedereen, inclusief Martin en Mickey, leek uit te zien naar de reactie van Catherine.

'Nee, niet noodzakelijkerwijs, lijkt me.'

Het deed Nick genoegen dat zijn commentaar juist bleek te zijn.

Totdat Catherine iets aan haar woorden toevoegde. 'In theorie kan een gebrek aan discussies een goed teken zijn. Bijvoorbeeld als iedereen hetzelfde doel voor ogen heeft, de samenwerking goed is en er van verwarring geen sprake is.'

De meerderheid van de aanwezigen lachte schaapachtig bij deze beschrijving. Dat was zeker niet op hen van toepassing. Inmiddels was Nick niet zo tevreden meer.

Catherine ging verder en daarbij richtte ze zich met haar uitleg rechtstreeks tot hem. 'Maar ik kan je wel vertellen dat ieder goed functionerend team dat ik ooit heb meegemaakt een substantieel niveau van discussies kende. Zelfs de teams waarin men elkaar het meest vertrouwde, haalden flink wat overhoop.' Vervolgens richtte ze een vraag tot de rest van de aanwezigen. 'Waarom denken jullie dat er binnen deze groep zo weinig gepassioneerde discussies voorkomen?'

Aanvankelijk reageerde er niemand. Catherine liet hen de ongemakkelijke stilte voelen. Toen mompelde Mickey iets binnensmonds.

'Sorry, Mickey. Ik heb je niet verstaan.' Catherine deed haar best om haar afkeer van sarcastische opmerkingen te verbergen. Daar had ze een hekel aan sinds ze voor klassen met oudere kinderen had gestaan.

Mickey herhaalde nu op luide toon: 'Wij hebben niet genoeg tijd. Ik denk dat we het allemaal veel te druk hebben om langdurig te discussiëren over ondergeschikte punten. We komen allemaal om in het werk.'

Catherine merkte dat de anderen het misschien niet met Mickey eens waren. Ze vroeg zich af of iemand de uitdaging aandurfde. Ze stond net op het punt dat zelf te doen toen Jeff een proefballonnetje opliet. 'Ik weet niet zeker of ik het met je eens ben, Mickey. Ik denk niet dat we geen tijd hebben voor discussies. Ik denk dat we het niet prettig vinden elkaar uit te dagen. En ik weet niet waarom dat zo is.'

Mickey antwoordde snel en niet zonder scherpte. 'Misschien komt dat omdat onze vergaderingen altijd veel te gestructureerd en saai zijn.'

Nu was het de moeder in Catherine die zich uitgedaagd voelde en Jeff wilde beschermen, deels ook als beloning omdat hij Mickey had tegengesproken. Toch besloot ze niet in te grijpen.

Na een korte pauze meldde Carlos zich. Omdat hij zich niet direct tot Mickey wendde, leek het alsof hij de hele groep verantwoordelijk stelde voor haar opmerking. 'Wacht eens even. Ik vind de vergaderingen ook nogal saai en de agenda is inderdaad vaak overvol. Maar ik denk wel dat we elkaar meer zouden kunnen uitdagen. We zijn het zeker niet over alles met elkaar eens.'

Toen nam Nick het woord. 'Ik denk dat er helemaal niets is waar we het over eens zijn.'

Iedereen lachte, met uitzondering van Martin die zijn laptop had geopend en aangezet.

Catherine mengde zich in de discussie. 'Dus jullie zijn het meestal oneens en toch willen jullie niet toegeven dat er problemen zijn. Nou ben ik niet afgestudeerd als psycholoog, maar als er ooit van een vertrouwensprobleem sprake was, dan is het wel hier.' Sommigen knikten instemmend; dat was voor haar net zo belangrijk als een paar broodkruimels voor iemand die de hongerdood nabij is.

Toen begon er iemand te typen. Martin trok zich helemaal terug uit de discussie en begon fanatiek op zijn toetsenbord te rammen. Afgeleid door het geluid, wierp iedereen een korte blik op hem. Dat was voldoende om alles wat de discussie had opgeleverd, weer onderuit te halen.

Vanaf de eerste managementvergadering die ze had bijgewoond, had Catherine naar dit moment uitgekeken. Maar ze was er ook bang voor geweest. Hoe graag ze ook een nieuwe botsing met Martin vermeed, zeker zo vroeg op de dag, deze gelegenheid wilde ze toch niet ongebruikt laten voorbijgaan.

DE GEVARENZONE BETREDEN

De spanning liep op terwijl Catherine keek hoe Martin aan het eind van de tafel zat te typen. Niemand verwachtte dat ze iets zou zeggen. Maar ze kenden Catherine nog niet goed genoeg.

'Neem me niet kwalijk, Martin.'

Martin stopte met typen en keek op naar zijn chef.

'Ben je ergens mee bezig?' De vraag van Catherine klonk oprecht. Zelfs een zweem van sarcasme ontbrak.

Iedereen verstijfde. De collega's zagen gespannen uit naar het antwoord op de vraag die ze zelf al twee jaar hadden willen stellen.

Eerst leek Martin helemaal niet te zullen reageren, toen zei hij: 'Ik maak aantekeningen.' Hij ging verder met typen.

Catherine bleef rustig en haar stem klonk beheerst toen ze zei: 'Ik denk dat dit een goede gelegenheid is om het eens te hebben over de spelregels voor ons verblijf in Napa en voor onze toekomstige vergaderingen.'

Martin keek op van zijn laptop en Catherine ging verder, maar nu richtte ze haar opmerkingen tot de hele groep. 'Als het om vergaderingen gaat, heb ik niet zo heel veel regels. Toch zijn er een paar waar ik hoe dan ook aan vasthoud.'

Iedereen wachtte tot ze verder zou gaan.

'In wezen wil ik van jullie maar twee dingen: dat je aanwezig bent en dat je meedoet. Dat betekent dat iedereen betrokken moet zijn bij de dingen die we bespreken.'

Zelfs Martin wist wanneer hij zich inschikkelijk moest tonen. Hij stelde een vraag, maar deed dat op een enigszins verzoenende toon. Zoiets was de groep niet gewend van hun belangrijkste onderzoeker. 'En als de discussie nu niet voor iedereen even relevant is? Ik heb de indruk dat we soms zaken bespreken die beter onderling geregeld hadden kunnen worden. Onder vier ogen.'

'Dat is een goed punt.' Zo haalde Catherine Martin weer binnenboord. 'Als iets dergelijks ooit gebeurt, als je denkt dat we de tijd van de groep verspillen door zaken te bespreken die beter buiten de vergadering hadden kunnen blijven, dan moet niemand zich bezwaard voelen om daar iets van te zeggen.'

Het leek Martin plezier te doen dat zij het met hem eens was.

Catherine ging verder. 'Maar bij alle andere gelegenheden wil ik dat iedereen zich volledig inzet. En al begrijp ik best dat sommige mensen liever een computer gebruiken dan een blocnote, het is mijn ervaring dat een computer voor te veel afleiding zorgt. Voor hetzelfde geld zit iemand zijn e-mail te checken of werkt hij ergens anders aan.'

Mickey besloot Martin te hulp te komen, iets wat hij noch wilde noch nodig had. 'Catherine, met alle respect, je hebt nog nooit gewerkt binnen de hightechcultuur, maar bij softwarebedrijven is dit tamelijk gebruikelijk. Ik bedoel, misschien niet in de auto-industrie, maar...'

Catherine viel haar beleefd in de rede. 'Het is in de auto-industrie juist wel heel gewoon. Ik had daar hetzelfde probleem. Het is meer een kwestie van gedrag dan van technologie.'

Jeff knikte en glimlachte alsof hij wilde aangeven dat ze goed had gereageerd. Op dat moment sloot Martin zijn laptop en zette die terug in de koffer. De meerderheid van de aanwezigen zat naar Catherine te kijken alsof ze zojuist een bankrover had overgehaald zijn wapen in te leveren.

Verliep de rest van de dag maar net zo soepel.

MET DE BILLEN BLOOT

Catherine besefte dat het volgende onderdeel van de bijeenkomst wel eens lastig zou kunnen zijn. Een deel dat haar iets zou kunnen vertellen over de manier waarop de komende maanden zouden verlopen. Niet toevallig stond nu de eerste echte oefening op de agenda.

'Laten wij, voordat we de grote zaken gaan aanpakken, eens beginnen met wat ik maar noem de persoonlijke verhalen.'

Catherine verklaarde dat iedereen vijf persoonlijke vragen van niet al te diepgaande aard diende te beantwoorden. Vragen die te maken hadden met de achtergrond van de aanwezigen. Zij beëindigde haar instructies met een humoristisch voorbehoud waar zelfs Martin waardering voor kon opbrengen. 'Let wel, ik wil iets horen over je leven als kind, ik ben niet geïnteresseerd in je innerlijke kind.'

Een voor een gaven de DecisionTech-managers antwoord op de gestelde vragen. Geboorteplaats? Aantal kinderen in het gezin? Interessante hobby's? De grootste uitdaging bij het volwassen worden? Eerste baan?

In bijna alle gevallen bevatten de antwoorden wel een paar zaken waar de andere managers geen weet van hadden.

Carlos bleek de oudste van negen kinderen. Mickey had ballet gestudeerd aan de Juilliard School in New York. Jeff was slagman geweest bij de Boston Red Sox. Martin had het grootste deel van zijn jeugd in India doorgebracht. JR had een identieke tweelingbroer. Jane was de dochter van een korporaal. Nick ontdekte dat hij op High School basketbal had gespeeld tegen een team dat gecoacht werd door de echtgenoot van Catherine.

Wat Catherine zelf betrof: haar staf werd niet verrast en geïmponeerd door haar militaire training of haar ervaring in de auto-industrie, maar door het feit dat ze een doodnormale volleybalspeler was geweest op haar College.

Het was verbazingwekkend. Na niet meer dan 45 minuten van buitengewoon milde persoonlijke verklaringen, leek het team al meer samenhang te vertonen en meer op zijn gemak dan ooit eerder dat jaar. Catherine had dit echter al vaak genoeg meegemaakt om te weten dat de euforie zou verdwijnen zodra het gesprek weer over het werk zou gaan.

ONDER DE OPPERVLAKTE

Toen het team na een korte pauze terugkwam, was al duidelijk dat iets van de gloed van de bijeenkomst van die morgen verdwenen was. Tot na de lunch bogen ze zich over hun individuele gedragsneigingen. Daarbij gingen ze uit van een aantal diagnostische toetsen die ze voorafgaand aan hun vertrek naar Napa hadden ingevuld. Eén van deze toetsen was de *Myers-Briggs Type Indicator*.

Catherine was plezierig verrast dat zelfs Martin betrokken bleek bij de discussie. Iedereen, overwoog ze, leert graag iets en praat graag over zichzelf. Dat wil zeggen, tot de kritiek komt. En die zou weldra komen.

Catherine besloot dat het gezien de opkomende vermoeidheid niet verstandig was om die namiddag nog met de volgende fase te beginnen. Daarom gaf ze iedereen een paar uur vrijaf om hun e-mail te bekijken, wat oefeningen te doen of wat ze ook maar wilden. Catherine wilde die avond doorwerken en ze moest zien te voorkomen dat iedereen te vroeg aan het eind van zijn Latijn zou zijn.

Martin bracht het grootste deel van de pauze in zijn kamer door met het lezen van zijn e-mail. Nick, Jeff, Carlos en JR deden een balspel op het veld naast het hotel en Catherine en Jane bespraken in de lobby budgettaire kwesties. Mickey zat naast het zwembad een roman te lezen.

Tegen etenstijd kwamen ze weer bij elkaar. Het deed Catherine plezier dat de discussie werd opgepikt waar die eerder was afgebroken. Voor iedereen was nu duidelijk dat ze stuk voor stuk een eigen persoonlijke stijl hadden bij hun werk. Ze bespraken ook wat het betekende om introvert of extravert te zijn. Iedereen was nu beslist minder gespannen.

Op tafel stonden pizza's en bier en dat maakte alles minder bedreigend. Opeens begon Carlos Jane ermee te plagen dat ze anaal gefixeerd was, terwijl Jeff JR uitdaagde door te zeggen dat hij te weinig gefocust was. Martin kon het zelfs hebben dat Nick hem een fanatieke introvert noemde. Niemand raakte van streek door de goedmoedige maar niet onschuldige plagerijen, met uitzondering van Mickey. Niet dat ze niet tegen plagen kon. Nee, het ging om iets anders. Er was helemaal niemand die haar plaagde. Niemand maakte een opmerking tegen haar en, wat nog erger was, zij maakte tegen niemand een opmerking.

Catherine wilde haar bij het proces betrekken, maar ze besloot dat niet direct op een agressieve manier te doen. Alles ging goed – beter dan ze had verwacht – en het team leek bereid om enkele van de negatieve gedragsaspecten te bespreken die Catherine tijdens eerdere stafvergaderingen had waargenomen. Het was niet nodig die eerste avond al een controverse te creëren, zeker niet nu ze al een paar kogels van Martin had moeten ontwijken.

Maar niet alles valt te controleren en het was Mickey zelf die haar eigen problemen aan de orde stelde. Toen Nick vertelde dat hij de persoonlijkheidsbeschrijvingen verbazend accuraat en nuttig vond, deed Mickey wat ze al zo vaak tijdens stafbijeenkomsten had gedaan: ze rolde met haar ogen.

Catherine stond op het punt om haar ter verantwoording te roepen, maar Nick was haar voor. 'Wat bedoel je daarmee?'

Mickey deed alsof ze er geen flauw idee van had wat hij bedoelde. 'Waarmee?'

Nick reageerde plagerig maar was duidelijk ook geërgerd. 'Nou, kom op zeg. Je rolde met je ogen. Zei ik soms iets stoms?'

Mickey bleef doen alsof ze zich nergens bewust van was. 'Nee, ik heb helemaal niets gezegd.'

Nu ging Jane zich ermee bemoeien, maar ze deed dat op een rustige manier. 'Het gaat er niet om dat je iets zei, Mickey. Het was het gezicht dat je zette.' Jane wilde de situatie niet op de spits drijven en bood Mickey de gelegenheid om zonder gezichtsverlies weg te komen. 'Soms denk ik dat je helemaal niet weet dat je het doet.'

Mickey ging er niet op in en begon zich te verschansen. 'Ik weet echt niet waar je het over hebt.'

Nick kon zich niet langer inhouden. 'Kom nou, zeg. Zo ben je altijd bezig. Het lijkt wel alsof je denkt dat we allemaal idioten zijn.'

Catherine nam zich voor het volgende diner niet vergezeld te laten gaan van bier. Toch was ze blij dat er eindelijk dingen aan de oppervlakte kwamen. Ze nam een hap van haar pizza en keek om zich heen. Ze weerstond de neiging om de vrede te snel te herstellen.

Opeens kwam Mickey met een reactie. 'Jongens, ik hou helemaal niet van dit soort wollige taal. Ik denk niet dat een van onze concurrenten, die ons op dit moment hun hielen laten zien, ergens in een hotel in Napa zitten te praten over waar ze hun energie vandaan halen of hoe ze de wereld zien.'

Iedereen werd pijnlijk getroffen door de veroordeling van het hele proces waarvan ze allemaal bleken te genieten. Ze keken Catherine aan om te zien hoe die zou reageren. Maar Martin was haar voor.

'Ik vind dat je gelijk hebt.' Iedereen was geschokt dat Martin, die betrokken leek bij het proces, Mickey verdedigde. Totdat hij met de clou van zijn opmerking kwam. 'Zij zitten waarschijnlijk in Carmel.'

Als iemand anders dit gezegd had, zou iedereen waarschijnlijk zijn gaan grinniken. Nu het echter Martin was die tegen Mickey zijn droge, sarcastische opmerking richtte, brulde iedereen het uit. Met uitzondering van Mickey natuurlijk. Er lag een pijnlijke glimlach op haar gezicht.

Even dacht Catherine dat haar directeur marketing zou weglopen. Dat was misschien beter geweest dan wat ze nu deed. De daaropvolgende anderhalf uur zei Mickey geen woord meer. Ze zat er zwijgend bij terwijl de groep doorging met de bespreking.

Uiteindelijk verschoof het onderwerp op een natuurlijke manier in de richting van meer strategische kwesties. Jane onderbrak de discussie en vroeg Catherine: ‘Dwalen we niet te veel af?’

Catherine schudde het hoofd. ‘Nee, ik denk dat het goed is dat we ons met operationele zaken bezighouden terwijl we over ons gedrag praten. Daardoor krijgen we gelegenheid om te kijken hoe we dit in praktijk moeten brengen.’

Hoe tevreden Catherine ook was met de discussie, ze kon toch niet ontkennen dat het gedrag van Mickey boekdelen sprak over haar onvermogen de andere teamleden te vertrouwen.

AAN DE RAND VAN HET ZWEMBAD

Even na tien uur die avond maakte Catherine een eind aan de bijeenkomst. Iedereen ging meteen naar bed, met uitzondering van Jane en Nick die net begonnen waren aan een geïmproviseerde discussie over budgetten. Zowel de kamer van Catherine als die van Mickey lag vlakbij het zwembad van het kleine hotelcomplex. Terwijl ze naar hun kamers liepen, besloot Catherine te proberen om onder vier ogen wat vooruitgang te boeken.

'Alles goed?' Catherine zorgde ervoor niet te dramatisch en niet te moederlijk over te komen.

'Met mij wel.' Doen alsof was niet de sterkste kant van Mickey.

'Ik begrijp best dat het lastig is en misschien vind je wel dat ze je een beetje te hard hebben aangepakt.'

'Een beetje? Hoor eens, ik wil niet dat ze thuis de gek met me steken en ik wil helemaal niet dat ze dat op mijn werk doen. Ze hebben er gewoon geen flauw idee van wat ervoor nodig is om met een bedrijf succes te hebben.'

Catherine raakte door het lukrake antwoord bijna te veel van haar apropos om meteen te reageren. Na enkele ogenblikken zei ze: 'Daar kunnen we het misschien morgen over hebben. Ik denk dat ze moeten weten wat jij ervan denkt.'

'Ik ben niet van plan morgen ook maar iets te zeggen.'

Catherine reageerde bewust kalm op de uitlatingen van Mickey. Die leken vooral verband te houden met haar emoties op dat ogenblik. 'Ik denk dat je je morgen wel beter zult voelen.'

'Nee, ik meen het. Van mij zullen ze morgen niets horen.'

Catherine besloot er niet op in te gaan. 'Goed, slaap maar lekker.'

Ze waren bij hun kamers aangekomen. Mickey beëindigde het gesprek met een sarcastisch lachje. 'O, dat zal ik zeker.'

DE TEGENAANVAL

Toen Mickey de volgende ochtend arriveerde, waren alleen Catherine en Jane in de vergaderruimte aanwezig. Mickey maakte een enthousiaste indruk en leek niet bezwaard door de gebeurtenissen van de vorige dag. Catherine was blij verrast.

Zodra ook de anderen waren aangekomen, opende Catherine de bijeenkomst met een samenvatting van wat ze de vorige dag had gezegd. 'Alvorens te beginnen denk ik dat het goed is even te stil te staan bij de reden van ons verblijf hier. We beschikken over meer geld, meer ervaren managers, betere technologie en betere netwerken dan welke concurrent ook. Toch doen twee van hen het duidelijk beter dan wij. Wij staan voor de taak om niet alleen de omzet te verhogen, maar ook de winstgevendheid, de klantenwerving en het vasthouden van klanten. Misschien moeten we ons bedrijf wel klaarstomen voor een beursgang. Dat zal echter allemaal pas gebeuren als we functioneren als een team.'

Ze wachtte even, verrast als ze was over de aandacht van haar ondergeschikten. Het leek wel alsof ze het voor de eerste keer hoorden. 'Zijn er vragen?'

Ze hadden er gewoon het zwijgen toe kunnen doen, maar een paar stafleden schudden het hoofd alsof ze wilden zeggen: geen vragen, laten we beginnen. Tenminste, zo vatte Catherine het op.

De uren daarop bekeek de groep opnieuw het materiaal dat ze de vorige dag hadden behandeld. Na ongeveer een uur leken Martin en Nick hun belangstelling wat te verliezen, en JR raakte steeds meer afgeleid naarmate zijn mobiele telefoon vaker trilde zonder dat hij kon reageren.

Catherine besloot de bedenkingen van de groep zelf aan de orde te stellen voordat ze daar onderling over zouden gaan praten. 'Ik denk dat jullie je allemaal zitten af te vragen of we dit gisteren niet al gedaan hebben. Ik besef heel goed dat dit een herhaling is. Maar deze stof blijft niet hangen tenzij we van a tot z begrijpen hoe we het moeten toepassen.'

Het daaropvolgende uur besprak de groep de implicaties van hun uiteenlopende manier van optreden, en de collectieve kansen en uitdagingen die door die verschillende manieren ontstonden. Mickey gaf een paar keer commentaar. Zodra ze iets zei, leek het tempo van de gesprekken dramatisch te dalen. Ook Martin zei weinig, maar hij leek er toch met zijn aandacht bij te zijn en de discussie te volgen.

Halverwege de ochtend kon het overzicht van de wijze van optreden en de teamgedragingen worden afgerond. Op dat ogenblik, met nog minder dan een uur te gaan tot aan de lunch, besloot Catherine de belangrijkste oefening van die dag te introduceren. Een oefening die ze later zou beschouwen als heel onthullend voor zowel Mickey als de rest van het team.

BEWUST ZIJN

Terwijl ze terugliep naar het bord, begon Catherine met haar uitleg. 'Bedenk dat teamwork begint met het opbouwen van vertrouwen. En dat is alleen mogelijk als we onze behoefte aan onkwetsbaarheid overwinnen.' Ze schreef het woord *onkwetsbaarheid* direct naast *vertrouwen* op het bord.

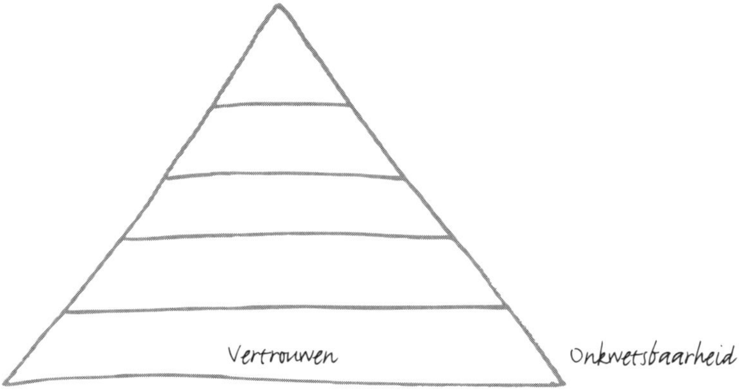

Ze vervolgde: 'Daarom gaan we vanmorgen allemaal op een weinig riskante maar wel relevante manier laten zien dat we kwetsbaar zijn.'

Daarna vroeg ze iedereen vijf minuten stil te staan bij de vraag wat volgens hen zelf hun grootste kracht en zwakte was in verband met hun bijdrage aan het succes of het falen van DecisionTech. 'Ik wil niet dat je aankomt met een of andere algemene zwakheid. Ik wil evenmin dat je vaag blijft over je sterke punten omdat je te bescheiden of te gegeneerd bent om ons te vertellen waar je volgens jezelf echt goed in bent. Neem deze eenvoudige oefening serieus en wees bereid om te laten zien wie je bent.'

Toen duidelijk was dat iedereen klaar was met het maken van aantekeningen, startte Catherine de discussie. 'Goed, ik zal beginnen.' Ze keek nog even naar haar aantekeningen. 'Ik denk dat mijn sterkste punt, tenminste het punt dat de grootste invloed op ons succes zal hebben, mijn vermogen is om alle opgeblazen, oppervlakkige informatie te doorzien en uit te maken waar het werkelijk om gaat. Ik ben in staat om overbodige details te elimineren en op de kern van de zaak af te gaan. Dat zou ons veel tijd moeten besparen.'

Ze wachtte even voor ze verder ging. 'Mijn zwakke punt is dat ik niet de best denkbare woordvoerder ben. Ik ben er eigenlijk slecht in. Ik heb de neiging om het belang van pr te minimaliseren en ik ben geen talentvolle of tactvolle spreker als het erom gaat voor een grote groep te staan of, erger nog, voor een televisiecamera. Daar zal ik hulp bij nodig hebben, als we tenminste alles willen bereiken waar we naar streven.'

Met uitzondering van JR en Mickey had iedereen aantekeningen zitten maken terwijl Catherine aan het woord was. Dat zag ze graag. 'Oké, wie volgt?'

Niemand bood zich aan. Iedereen zat om zich heen te kijken – sommigen hoopten dat een van de anderen zou gaan, anderen leken toestemming te vragen om hun zegje te doen.

Ten slotte was het Nick die zich bereid toonde. 'Ik wil wel. Oké, even kijken.' Hij keek zijn aantekeningen door. 'Mijn grootste kracht is dat ik niet bang ben op het punt van onderhandelingen en management van andere bedrijven, of het nu om partners gaat, leveranciers of concurrenten. Ik heb er geen moeite mee om hen onder druk te zetten zodat ze meer doen dan ze eigenlijk willen doen. Mijn zwakste punt is echter dat ik soms arrogant kan overkomen.'

Een paar van Nicks collega's zaten wat nerveus te lachen.

Hij grijnsde en ging verder. 'Ja, dat probleem heb ik al sinds de middelbare school, en waarschijnlijk ook daarvoor al. Ik kan soms sarcastisch en zelfs grof zijn en soms lijk ik te denken dat ik slimmer ben dan wie ook. Dat is misschien geen probleem als ik in gesprek ben met een verkoper, maar jullie zou het kunnen afschrikken. En dat helpt ons waarschijnlijk niet om daar te komen waar we heen willen.'

Jeff had commentaar. 'Het lijkt wel alsof je sterkste en zwakste punten dezelfde oorsprong hebben.'

Tot ieders verrassing gaf Martin er blijk van het daarmee eens te zijn. 'Is dat niet meestal zo?'

Van verschillende kanten werd geknikt.

Catherine was onder de indruk van de kennelijke openhartigheid van Nicks opmerkingen en van de bereidheid van de andere stafleden om commentaar te leveren. Ze was blij dat hij de spits had afgebeten. 'Goed, dat was precies wat ik nodig had. Wie volgt?'

Jane meldde zich. Ze noemde haar managementvaardigheden en aandacht voor details als sterke punten. Daarmee was iedereen het onmiddellijk eens. Daarna gaf ze toe dat ze in financiële zaken conservatiever was dan de cfo van een startend bedrijf eigenlijk zou moeten zijn. Ze legde uit dat dit het gevolg was van haar opleiding bij grotere bedrijven en van haar zorg dat haar collega's onvoldoende oog hadden voor het in de hand houden van de uitgaven. 'Niettemin is het voor jullie waarschijnlijk lastig me tegemoet te komen doordat ik zo strikt ben.'

Carlos verzekerde haar dat de anderen haar waarschijnlijk tegemoet zouden kunnen komen.

Toen was Jeff aan de beurt. Hij vond het lastig om duidelijk te maken dat hij over bijzondere netwerkvaardigheden beschikte en over de vaardigheid om partnerschappen op te zetten met investeerders en partners.

Maar dat was voor Jane niet genoeg. 'Kom nou toch, Jeff. Als we één ding goed hebben gedaan is het wel dat we zoveel geld hebben opgehaald en investeerders enthousiast hebben gemaakt voor ons bedrijf. Je moet niet net doen alsof je daarin geen rol hebt gespeeld.'

Niet zonder tegenzin aanvaardde Jeff haar goedbedoelde verwijt. Daarna bracht hij iedereen tot zwijgen met de bekentenis van zijn zwakte. 'Ik ben tamelijk bang om te falen. Daardoor heb ik de neiging de zaken veel te nauwgezet aan te pakken en alles zelf te willen doen. Ik hou er niet van andere mensen te zeggen wat ze moeten doen en dat maakt het ironisch genoeg alleen maar waarschijnlijker dat ik zal falen.'

Een fractie van een seconde leek Jeff het te kwaad te hebben met zijn emoties, maar hij herstelde zich onmiddellijk. Hij was ervan overtuigd dat niemand iets gezien had. 'Waarschijnlijk is dat de belangrijkste reden waarom we nog geen succes hebben geboekt en waarom ik niet langer ceo ben.' Na een korte pauze voegde hij eraan toe: 'Daar heb ik trouwens geen probleem mee. Ik ben er eigenlijk heel blij om dat ik die baan niet meer heb.'

De groep lachte op een positieve, ondersteunende manier.

Catherine vond het ongelofelijk dat de eerste drie het zo goed hadden gedaan. Even hoopte ze dat het momentum zou blijven bestaan en dat de dag een groot succes zou worden. Toen meldde Mickey zich.

'Oké, nu ik.' Anders dan degenen die haar vooraf waren gegaan, keek Mickey terwijl ze aan het woord was bijna voortdurend naar haar aantekeningen. 'Mijn sterkste punt is mijn kennis van de technologiemarkt en van de manier waarop je moet communiceren met analisten en de media. Mijn financiële vaardigheden vormen mijn zwakke punt.'

Stilte. Geen commentaar. Geen vragen. Niets.

Net als Catherine bespeurden de meeste anderen bij zichzelf uiteenlopende gevoelens. Opluchting omdat Mickey klaar was en teleurstelling over het oppervlakkige karakter van haar reactie. Het leek Catherine op dat ogenblik niet opportuun haar directeur marketing te dwingen tot meer openheid. Mickey moest daar zelf mee komen.

Naarmate de seconden verstreken, zag de groep meer uit naar iemand die de stilte zou verbreken. Carlos maakte een eind aan de ellende.

'Goed, nu ik.' Hij deed zijn best om de discussie weer op een hoger plan te brengen. Hij noemde als sterk punt zijn vasthoudendheid en als zwak punt zijn nalatigheid bij het op de hoogte houden van zijn mensen van zijn vorderingen.

Nadat hij zijn zegje had gedaan, nam Jane het woord. 'Carlos, ik denk dat allebei je antwoorden wel iets te wensen overlaten.' Catherine, die niet wist dat Carlos en Jane tamelijk close met elkaar omgingen, was verbaasd over de directheid van deze opmerking.

Jane vervolgde: 'Ik vind ten eerste dat je kracht gelegen is in je bereidheid om zonder te klagen het vuile werk op te knappen. Ik weet dat dit vreselijk klinkt, maar ik zou niet weten wat er zou gebeuren als jij ons niet voortdurend uit de penarie hielp.' Enkele anderen gaven te kennen het daarmee eens te zijn. 'Wat de negatieve kanten betreft: ik denk dat je ons tijdens vergaderingen meer zou kunnen vertellen over wat je denkt. Je houdt te veel achter.'

Iedereen leek af te wachten hoe Carlos zou reageren, maar hij knikte alleen maar en maakte een aantekening. 'Oké.'

JR wilde wel de volgende zijn en bracht een bulderlach teweeg toen hij zei: 'Het is duidelijk dat mijn grootste kracht gelegen is in het verzorgen van continuïteit en in mijn aandacht voor details.' Nadat het lachen een paar minuten had geduurd, ging JR verder. 'In alle ernst, ik ben er tamelijk goed in om sterke persoonlijke relaties te ontwikkelen met klanten. Daar ben ik echt goed in.' Zijn toon was bescheiden zodat iedereen het waardeerde. 'Daar staat tegenover dat als ik denk dat iets niet verschrikkelijk belangrijk is – wat doorgaans betekent dat ik daardoor niet dichter kom bij het maken van een deal – ik het soms voor gezien houd.'

'Soms?' vroeg Nick. Iedereen bulderde het uit.

JR bloosde. 'Ik weet het, ik weet het, ik heb altijd problemen met de lijst van dingen die ik nog moet doen. Ik weet niet hoe dat komt. Maar ik denk dat het niet goed is voor het team.'

Martin was de enige manager die nog niet aan de beurt was geweest. 'Oké, volgens mij ben ik nu aan de beurt.' Hij haalde diep adem. 'Ik heb er een verschrikkelijke hekel aan om op deze manier over mijzelf te praten, maar als het echt moet, zou ik zeggen dat ik goed ben in het oplossen van problemen, in het analyseren van dingen. Waar ik niet zo goed in ben, is in het communiceren met mensen.' Hij wachtte even. 'Ik bedoel niet dat ik het niet kan, maar ik geef echt de voorkeur aan mensen die niet al te gevoelig zijn. Ik hou van conversaties met mensen op een puur intellectueel niveau. Dan hoef ik me niet druk te maken over wat ze voelen. Is dat wat?'

'Natuurlijk,' zei Jeff, die had besloten enig risico te nemen. 'Het probleem is alleen dat mensen daardoor kunnen denken dat je hen niet mag. Dat ze je tijd verspillen.'

Martin leek duidelijk teleurgesteld door de opmerking van Jeff. 'Nee, dat is helemaal niet waar. Ik bedoel, dat is echt onzin. Dat bedoel ik helemaal niet. Maar ik denk dat ik wel begrijp dat het op die manier kan overkomen. En ik weet niet hoe ik dat moet veranderen.'

Voor de eerste keer die ochtend maakte Mickey een opmerking. Met een glimlach zei ze: 'Jarenlange psychotherapie, beste jongen. En zelfs dan zou je het waarschijnlijk nog niet kunnen veranderen. Je bent gewoon een arrogante klootzak. Trouwens, geldt dat niet voor iedere cto in de Valley?'

Mickey lachte. De enige die met haar mee lachte, was Martin die gegeneerd leek door haar opmerking en nu probeerde er de humor van in te zien. Van binnen kookte hij.

Catherine nam het zichzelf achteraf erg kwalijk dat ze de opmerking van Mickey door de vingers had gezien. Op dat ogenblik had Catherine die toegeschreven aan het buitengewoon lage emotionele IQ van Mickey. Hoe dan ook, het was haar nu duidelijk dat het gedrag van Mickey de groep maar al te zeer beïnvloedde.

EGO

Toen iedereen zijn plaats aan de tafel weer had ingenomen, kondigde Catherine een wijziging aan. 'Oké, we gaan nu meteen door naar de laatste frustratie. In de loop van de komende maand zullen we echter nog dikwijls terugkomen op deze angst voor kwetsbaarheid en op de behoefte aan vertrouwen. Wie daar de zin niet van inziet, kan zich beter schrap zetten.'

Iedereen ging ervan uit dat ze het tegen Mickey had. Niemand kon vermoeden dat een ander teamlid minstens zo aan het worstelen was als zij.

Catherine liep naar het bord om de volgende functie te noteren. Boven bij de driehoek noteerde ze: gebrek aan aandacht voor de *resultaten.*

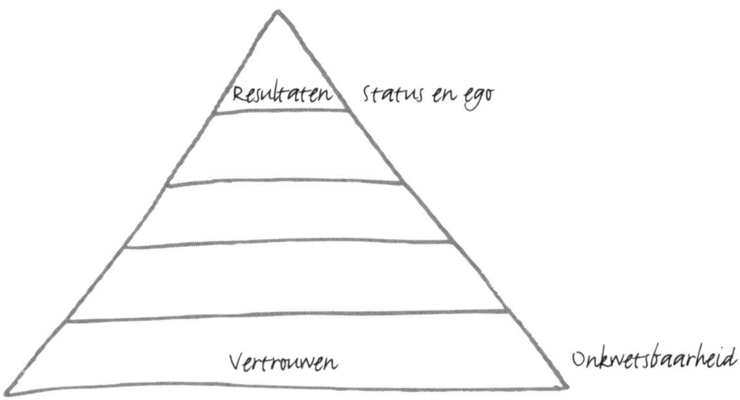

'We gaan nu naar de top van het schema om te praten over de grootste frustratie: de neiging van teamleden om te streven naar individuele erkenning en aandacht ten koste van de resultaten. En hierbij denk ik aan collectieve resultaten – de doelen van het hele team.'

Nick vroeg: 'Gaat dat over het ego?'

'Ik denk dat het ermee te maken heeft,' stemde Catherine met hem in. 'Ik beweer niet dat er binnen een team geen plaats is voor het ego. Het is alleen zaak ervoor te zorgen dat het collectieve ego groter wordt dan de individuele ego's.'

'Ik ben er niet zeker van dat ik begrijp wat dit te maken heeft met resultaten,' merkte Jeff op.

'Als iedereen gefocust is op resultaten en daarvan gebruikmaakt om successen te definiëren, is het moeilijk voor het ego om te ontsporen. Ongeacht hoe goed een individueel teamlid de situatie inschat; als het team verliest, verliest iedereen.'

Catherine merkte dat enkele van haar ondergeschikten er nog niet helemaal bij waren. Dat was voor haar reden om een andere benadering te kiezen. 'Ik heb jullie gisteren verteld dat mijn man basketbalcoach is.'

'Hij is bovendien een verdomd goeie coach,' voegde Nick daaraan toe. 'Toen ik nog op high school zat, kreeg hij al aanbiedingen om te komen werken bij andere colleges, maar hij wees die aanbiedingen iedere keer af. Die man is een legende.'

Catherine was trots op haar man en genoot van de woorden van Nick. 'Ik denk dat hij een beetje een buitenbeentje is en hij is inderdaad goed in wat hij doet. In ieder geval doet hij alles voor het team. Maar hoe goed zijn teams ook zijn, er zijn maar weinig jongens die bij de grote colleges spelen aangezien ze eerlijk gezegd niet al te veel talent hebben. Doordat ze als een echt team spelen zijn ze echter in staat om grotere, snellere, meer getalenteerde groepen spelers te verslaan.'

Nick knikte met de zekerheid van iemand die al heel vaak verloren had van St. Jude's.

'Zo af en toe krijgt Ken, mijn man dus, in zijn team een speler die niet echt veel om uitslagen geeft. Of in ieder geval niet om de resultaten van het team. Ik herinner me een jongen een paar jaar geleden die alleen maar geïnteresseerd was in zijn eigen scores en in de vraag of hij daarvoor als individu erkend werd: All League, foto in de krant, dat soort dingen. Zelfs als het team verloren had, was hij in een goede stemming. Als hij maar zijn punten had gehaald. En zelfs als het team won, kon hij ongelukkig zijn als hij zelf niet genoeg punten had gemaakt.'

Jane was nieuwsgierig. 'Wat heeft je man met hem gedaan?'

Catherine glimlachte, ze wilde graag meer over Ken vertellen. 'Dat is waar het om draait. Die jongeman was ongetwijfeld één van de meest getalenteerde spelers, maar Ken zette hem op de bank. Zonder hem speelde het team beter en uiteindelijk vertrok de jongen.'

'Hard,' merkt JR op.

'Zeker, maar het jaar daarop had die jongen een heel andere instelling en nadat hij afgestudeerd was, speelde hij verder bij Saint Mary's College. Hij zegt zelf dat dit het belangrijkste jaar van zijn leven was.'

Jane had nog meer vragen. 'Denk je dat veel van zulke mensen kunnen veranderen?'

Catherine aarzelde niet. 'Nee. Voor iedere jongen als hij zijn er tien die het nooit voor elkaar zullen krijgen.' De groep leek ontnuchterd door het besliste antwoord. Verschillende van hen zaten op dat ogenblik aan Mickey te denken. 'Het klinkt misschien hard maar Ken zegt altijd dat het zijn taak is om het best mogelijke team in het veld te brengen en niet om de carrières van individuele sporters te bevorderen. En dat is ook de manier waarop ik naar mijn taak kijk.'

Jeff besloot de groep iets te vragen. 'Heeft een van jullie een teamsport beoefend op high school of college?'

Catherine wilde eigenlijk niet dat Jeff met zijn onderzoek verder ging. Zij zag de discussie liever bewegen in de richting die zijzelf had gepland. Maar ze besloot dat deze kleine geïmproviseerde discussie waarschijnlijk even nuttig voor het team was als iets anders. Zolang het maar verband hield met teamwork.

Jeff gaf iedere aanwezige de kans op zijn vraag te reageren.

Nick vertelde dat hij honkbal had gespeeld op zijn college. Carlos was op zijn high school verdediger geweest. Martin verklaarde trots: 'Ik heb gevoetbald, het echte spel.' Allemaal moesten ze grinniken om hun Europese collega. Mickey vertelde dat ze op high school aan atletiek had gedaan. Toen Nick haar vroeg: 'Maar dat is toch een individuele sport?' onderbrak ze hem snel. 'Ik deed mee aan de estafette.'

Catherine vertelde weer dat ze volleybal had gespeeld.

Jane was cheerleader geweest en lid van een dansteam. 'En wie het waagt te zeggen dat dit geen teams zijn, kan het voortaan met de helft van zijn budget doen.'

Iedereen lachte.

Jeff bekende dat hij weinig affiniteit had met sport. 'Weet je, ik begrijp niet waarom iedereen denkt dat je alleen via sport iets kunt leren over teamwork. Ik heb nooit veel aan sport gedaan, zelfs als kind niet. Maar op high school en college maakte ik deel uit van een band en ik denk dat ik daar wel heb geleerd om in een team te functioneren.'

Hier zag Catherine een mogelijkheid om de teugels van de discussie weer in handen te nemen. 'Juist. Dat is een goed punt. Het is zeker waar dat je kan leren met anderen samen te werken door heel veel verschillende activiteiten. In feite alles waarbij een groep mensen samenwerkt. Maar er is wel een reden waarom sport zo belangrijk is als het gaat om teams.' Plotseling stak de onderwijzeres in Catherine de kop weer op. Ze wilde haar leerlingen de kans geven de volgende vraag zelf te beantwoorden. 'Weet iemand de reden?'

Zoals haar op school ook vaak was overkomen, leek ook deze groep geen enkel idee te hebben. Maar Catherine wist dat ze de stilte even moest verdragen. Er zou snel genoeg iemand met een antwoord komen. Deze keer was het Martin.

'De score.' Zoals gebruikelijk voorzag Martin zijn antwoord niet van een context.

'Leg eens uit,' verzocht Catherine, zoals ze ook met een van haar leerlingen zou hebben gedaan.

'Nou, bij de meeste sporten heb je een duidelijke score aan het eind van de wedstrijd. Die bepaalt wie er gewonnen heeft. Daar bestaat weinig ruimte voor dubbelzinnigheid, er is dus weinig ruimte voor...' Hij zocht naar de goede woorden. 'Voor subjectief, interpretatief, ego-gestuurd succes, als je begrijpt wat ik bedoel.'

Iedereen knikte instemmend.

'Wacht eens even,' vroeg JR. 'Wil je nou zeggen dat atleten geen ego's hebben?'

Martin wist het niet meer, zodat Catherine ertussen kwam. 'Die hebben juist een heel groot ego. Maar grote atleten hebben doorgaans een duidelijk doel voor ogen: winnen. Ze willen gewoon winnen. Dat willen ze liever dan deel uitmaken van het All Star Team, liever dan een foto op een doos Wheaties. En zelfs nog liever dan geld verdienen.'

'Ik ben er niet van overtuigd dat er nog veel van dergelijke teams rondlopen, zeker als het om professionele sporten gaat,' verduidelijkte Nick.

Catherine glimlachte. 'Maar dat is juist het mooie. De teams die het wel zo aanpakken, zijn meer dan ooit in het voordeel. De meeste concurrenten zijn niet meer dan een verzameling individuen met alleen oog voor zichzelf.'

Mickey maakte een verveelde indruk. 'Wat heeft dit nou te maken met een softwarebedrijf?'

Zo zorgde Mickey er opnieuw voor dat de discussie stokte. Catherine wilde haar hoe dan ook aanmoedigen, ook al was ze gaan twijfelen aan de mogelijkheid om een ommekeer teweeg te brengen. 'Een goede vraag. Dit heeft alles met ons te maken. We gaan onze collectieve resultaten net zo belangrijk maken als de uitslag van een voetbalwedstrijd. We zullen geen enkele ruimte laten voor misvattingen over ons succes. Dat geeft alleen het individuele ego maar kansen om naar voren te komen.'

'Maar we hebben toch al een scorebord?' hield Mickey vol.

'Bedoel je de winst?' vroeg Catherine.

Mickey knikte en zette een gezicht alsof ze wilde zeggen: Wat anders?

Catherine ging geduldig verder. 'Natuurlijk is winst heel belangrijk. Ik denk meer aan de resultaten op korte termijn. Als je voor wat betreft de resultaten alleen op de winst let, zul je pas weten hoe het team functioneert als het jaar al bijna om is.'

'Nu volg ik het niet meer,' gaf Carlos toe. 'Is de winst dan niet de enige maatstaf die echt van belang is?'

Catherine glimlachte. 'Het is inderdaad een beetje academisch. Ik zal het uitleggen. Het is onze taak om zulke overtuigende resultaten te boeken dat niemand die hier aanwezig is het in zijn hoofd haalt iets te doen louter en alleen ter wille van de eigen individuele status of behoefte. Dat zou namelijk afbreuk doen aan ons vermogen onze collectieve doelen te realiseren. We zouden allemaal verliezen.'

Het leek maar langzaam door te dringen, zodat Catherine nog een stapje verder ging. 'Wezenlijk is natuurlijk dat we onze doelstellingen en resultaten op een begrijpelijke manier omschrijven. Tegelijkertijd moet die omschrijving specifiek genoeg zijn om ons tot handelen aan te zetten. De relatie tussen winst en handelen is nu niet duidelijk genoeg. Er moet een directer verband zijn met wat we dagelijks ondernemen. Laten we eens kijken of we nog verder kunnen komen.'

DOELEN

Catherine stelde groepjes van twee of drie personen samen. Ze vroeg iedere groep terug te komen met een lijst van verschillende soorten resultaten. De volgende stap zou zijn daarmee een scorebord van het team te maken. 'Je hoeft nog niets te kwantificeren, het gaat alleen om de soorten resultaten.'

Binnen een uur had de groep meer dan vijftien verschillende soorten resultaten bedacht. Door sommige te combineren en andere te elimineren, bleven er zeven over: omzet, kosten, werving van nieuwe klanten, klanttevredenheid, personeelsverloop, marktbewustzijn en productkwaliteit. Er werd ook besloten dat ze maandelijks gemeten moesten worden. Telkens een kwartaal op de resultaten moeten wachten zou betekenen dat er te weinig gelegenheid zou zijn om problemen op te sporen en de activiteiten voldoende aan te passen.

Het was spijtig dat, nu de discussie weer draaide om de bedrijfsactiviteiten, de ontspannen sfeer leek op te lossen. Kritiek kwam ervoor in de plaats. Zo ging het meestal.

Martin begon. 'Het spijt me Catherine, maar dit is niets nieuws. Dit zijn vrijwel dezelfde maatstaven die we ook de afgelopen negen maanden hebben gebruikt.'

Het leek wel of de geloofwaardigheid van Catherine voor hun ogen in rook opging.

JR deed er nog een schepje bovenop. 'Inderdaad. En geen van alle hebben ze tot een vergroting van de omzet geleid. Eerlijk gezegd ben ik er niet zeker van dat het er allemaal veel toe doet als we er niet in slagen snel een paar deals af te sluiten.'

Catherine vond de voorspelbaarheid waarmee alles zich ontwikkelde bijna grappig om te zien. Zo gauw in een situatie als deze de werkelijkheid van de zakelijke problemen wordt geïntroduceerd, vallen mensen terug op het gedrag dat hen juist in de problemen heeft gebracht. Maar ze was er klaar voor.

'Oké, Martin. Kun je me zeggen wat het laatste kwartaal ons doel was op het gebied van marktbewustzijn?'

Mickey corrigeerde haar chef. 'Wij noemen dat altijd pr-activiteiten.'

'Goed, prima.' Ze richtte zich tot Martin. 'Kan jij dan precies aangeven wat het pr-doel was?'

'Nee. Maar ik weet zeker dat Mickey dat wel kan. Ik kan je wel de gegevens op het gebied van productontwikkeling geven.'

'Mooi, maar vertel me eerst eens hoe we het gedaan hebben in termen van pr-activiteiten?' Ze stelde haar vraag weer aan Martin om duidelijk te maken dat hij het antwoord moest weten.

Martin wist niet wat hij moest zeggen. 'God, ik weet het gewoon niet. Ik ga ervan uit dat dit het terrein is van Jeff en Mickey. Ik neem aan dat we het niet zo heel goed hebben gedaan, gezien onze verkoopcijfers.'

Mickey was bijzonder kalm, wat haar daaropvolgende opmerkingen des te onplezieriger maakte. 'Hoor eens hier, ik ben iedere week met mijn cijfers naar de vergadering gekomen, maar niemand heeft er ooit naar gevraagd. Bovendien kan ik er niet voor zorgen dat we in de krant komen als we helemaal niets verkopen.'

Hoewel JR zich deze opmerkingen het meest had moeten aantrekken, was het Martin die reageerde. Op een sarcastische manier. 'Dat is grappig. Ik heb altijd gedacht dat het doel van marketing was om de verkoop te bevorderen. Ik moet dat hebben omgedraaid.'

Het leek wel alsof Mickey de woorden van Martin niet gehoord had. Ze ging door met zichzelf te verdedigen. 'Ik kan jullie verzekeren dat onze problemen niet het gevolg zijn van de marketing. Eigenlijk denk ik dat mijn afdeling het nog heel goed heeft gedaan, gezien de faciliteiten.'

Carlos had willen zeggen: *Maar jouw afdeling kan niet goed functioneren want ons bedrijf faalt. En als het bedrijf faalt, falen we allemaal. Je kunt de prestaties van je eigen afdeling absoluut niet rechtvaardigen...* Maar hij hield zich in. Hij had het gevoel dat Mickey in zou storten als hij haar nog verder onder druk zou zetten.

Hoewel Catherine op dat moment net zo gefrustreerd was als iedereen, wist ze zeker dat de onvermijdelijke gevechten op het punt stonden uit te breken. Maar net op dat moment bloedde de discussie dood.

Zo gaat het dus, dacht ze bij zichzelf.

HET DIEPE IN

Catherine was niettemin vastbesloten het momentum niet te verliezen.

'Goed, ik denk dat ik weet wat het onderliggende probleem is.'

Jeff glimlachte en reageerde sarcastisch, maar niet onaardig. 'Echt waar?'

Catherine moest lachen. 'Dat heb ik goed gezien, hè? In ieder geval, als ik het heb over een focus op resultaten en niet op individuele erkenning, dan bedoel ik dat iedereen een reeks gemeenschappelijke doelen en criteria moet aanvaarden. Die dienen vervolgens in de praktijk gebruikt te worden bij de collectieve beslissingen van alledag.'

Daar zij wel doorhad dat niet iedereen dit voor de hand liggende punt gemakkelijk zou oppikken, besloot Catherine over te stappen op een meer onderzoekende aanpak. 'Hoe vaak is al het idee besproken om halverwege een kwartaal middelen van de ene afdeling naar een andere over te brengen om ervoor ter zorgen dat een doelstelling die gevaar liep, alsnog gehaald zou worden?'

Aan de gezichten om haar heen zag ze wat het antwoord was: nooit.

'En hoe gedisciplineerd waren jullie als je gedetailleerd onderzoek deed en een antwoord zocht op de vraag waarom de doelstellingen al dan niet waren gehaald?' Ze kende het antwoord al.

Jeff verklaarde: 'Ik wil nog even kwijt dat ik er zojuist van uitging dat marketing de taak van Mickey was, dat Martin productontwikkeling deed en dat JR verantwoordelijk was voor de verkoop. Als ik kan helpen, doe ik het, maar verder laat ik iedereen de verantwoordelijkheid voor het eigen werkterrein. En wanneer ik maar kan, heb ik me onder vier ogen met hun problemen beziggehouden.'

Catherine deed weer een beroep op de analogie met de sportwereld. Ze hoopte dat dit voor duidelijkheid zou zorgen. 'Goed, stel je voor, de basketbalcoach zit in de pauze van een wedstrijd in zijn kamer. Hij roept de center van het team bij zich om onder vier ogen met hem de eerste helft te bespreken. Vervolgens doet hij hetzelfde met de andere spelers zonder dat een van hen weet wat de anderen hebben gezegd. Dan heb je geen team. Dat is een verzameling individuen.'

Iedereen begreep dat dit precies was hoe het gesteld was met het managementteam van DecisionTech.

Catherine glimlachte, maar ze keek alsof ze wilde zeggen: *Ik kan niet geloven dat ik jullie dit moet uitleggen.* Geduldig zei ze: 'Jullie zijn allemaal, stuk voor stuk, verantwoordelijk voor de verkoop, en niet alleen JR. Jullie zijn allemaal verantwoordelijk voor marketing. Niet alleen Mickey. Jullie zijn allemaal verantwoordelijk voor productontwikkeling, klantenservice en financiën. Is dat duidelijk?'

Geconfronteerd met de eenvoud en de waarheid van deze woorden, en gezien de overduidelijke tekortkomingen van de groep, leek nu iedere illusie van eenheid, die na de eerste anderhalve dag nog bestond, verdwenen te zijn.

Nick zat met zijn hoofd te schudden en zei toen, alsof hij het niet voor zich kon houden: 'Weet je, ik zit me net af te vragen of we wel de juiste mensen aan deze tafel hebben zitten. Misschien hebben we wel meer zwaargewichten nodig die ons de goede klanten kunnen bezorgen en die de juiste strategische partnerschappen kunnen ontwikkelen.'

JR zat in zijn maag met deze indirecte aanval op de afdeling verkoop, maar zoals altijd deed hij er het zwijgen toe.

Catherine deed dat niet. 'Hebben jullie de websites van de concurrentie bekeken?' Sommigen knikten, niet wetend waar ze op uit was. 'Kennen jullie de achtergrond van de mensen die deze bedrijven runnen?' Nietszeggende gezichten. 'Precies. Ze hebben helemaal geen zwaargewichten opgenomen in hun teams. Waarom denk je dat zij het beter doen dan jullie?'

Jeff kwam met het begin van een verklaring. 'Nou, Wired Vineyard zette van meet af aan een partnership op met Hewlett-Packard, en Telecart haalt het grootste deel van zijn omzet uit professionele dienstverlening.'

Catherine leek niet overtuigd. 'Nou en? Wat weerhoudt jullie ervan om partnerschappen aan te gaan of om het businessplan net zo aan te passen als zij hebben gedaan?' Jane stak haar hand op omdat ze iets wilde zeggen, maar ze wachtte niet op toestemming van Catherine. 'Begrijp me niet verkeerd, Catherine. Maar zou je niet kunnen spreken over *ons* en *wij* in plaats van jullie? Jij bent de ceo, en jij bent nu een onderdeel van dit team. '

Iedereen vroeg zich af hoe Catherine op deze pittige opmerking zou reageren. Ze keek omlaag alsof ze probeerde uit te maken hoe ze het best kon reageren, toen keek ze iedereen aan. 'Je hebt gelijk, Jane. Ik zit hier niet als consultant. Bedankt dat je me daaraan herinnert. Ik denk dat ik me nog geen onderdeel van deze groep voel.'

'Dan ben je niet de enige.'

Niemand had op deze reactie van Jane gerekend.

'Wat bedoel je daarmee?' vroeg Nick.

'Nou, ik weet niet hoe het jullie vergaat, maar ik voel me niet betrokken bij alles wat er buiten financiën gebeurt. Soms voel ik me zelf een consultant. Bij andere bedrijven waar ik heb gewerkt, ben ik altijd meer betrokken geweest bij verkoop en operations, maar hier voel ik me op mijn eigen terrein geïsoleerd.'

Carlos was het met haar eens. 'Inderdaad, het lijkt wel alsof we niet echt dezelfde doelstellingen in ons hoofd hebben wanneer we met de staf bij elkaar zijn. Het is alsof we allemaal bezig zijn om meer middelen in de wacht te slepen voor onze afdelingen, of proberen te vermijden dat we betrokken raken bij iets wat buiten ons eigen terrein ligt.'

Tegen deze stelling van Carlos viel niet zo gemakkelijk iets in te brengen. Hij vervolgde: 'Jullie denken misschien dat ik kampioen vrijwilligerswerk ben, maar zo werkt iedereen nu eenmaal bij de meeste bedrijven waar ik in dienst ben geweest.'

Catherine was opgelucht dat sommige leden van het team het licht begonnen te zien. Daarom raakte de reactie op haar volgende opmerking haar des te meer. 'Het is verbazend zoals het er hier aan toegaat, en dat komt omdat iedereen veel te vaag is over wat we proberen te bereiken. Daardoor wordt het gemakkelijker om te focussen op individuele successen.'

Nick fronste zijn voorhoofd. 'Wacht eens even. Ik ben het met je eens dat we niet bepaald de stevigste managers van de Valley zijn, maar vind je het niet te ver gaan om te zeggen dat we zo politiek zijn?'

'Nee, volgens mij is dit een van de meest politieke groepen die ik ooit heb meegemaakt.' Terwijl ze deze woorden sprak, besefte Catherine dat ze zich ook wel iets voorzichtiger had kunnen uitdrukken. Onmiddellijk voelde ze hoe de anderen een front vormden om haar harde kritiek te weerstaan.

Zelfs Jeff was het niet met haar eens. 'Ik weet het niet, Catherine. Het komt misschien omdat je nog nooit in de hightechsector hebt gewerkt. Ik heb vroeger al bij een paar tamelijk politieke bedrijven gewerkt en ik weet niet of het hier wel zo erg is.'

Catherine wilde reageren, maar ze besloot om eerst de anderen stoom te laten afblazen.

Nick begon meteen. 'Ik denk dat het hier niet erger is dan gemiddeld, uitgaande van wat ik van andere managers heb gehoord. Je moet niet vergeten dat dit een moeilijke markt is.'

Mickey begon bloed te ruiken. Ze zei: 'Daar ben ik het mee eens. Ik bedoel, je bent op een vervelend ogenblik bij het bedrijf gekomen, en het is nogal overhaast om na een paar weken zoiets al vast te stellen.' Hoewel haar collega's het niet eens waren met de botheid van haar opmerking, wist Mickey dat ze het haar niet kwalijk zouden nemen; deden ze dat wel dan lieten ze een kans lopen om een klein overwicht op hun nieuwe baas te krijgen.

Catherine wachtte tot er geen nieuwe reacties meer kwamen en gaf toen een antwoord. 'Om te beginnen, het spijt me als mijn opmerking verkeerd is gevallen. Jullie hebben gelijk dat ik nooit eerder in de hightechsector heb gewerkt. Mijn uitgangspunt kan dus ietwat verkeerd zijn geweest.' Ze gaf iedereen de kans haar gedeeltelijke verontschuldiging tot zich te laten doordringen, voordat ze verder ging. Ze lette erop dat haar volgende zin niet begon met het woordje *maar*. 'Ik wil zeker niet neerbuigend overkomen, dat helpt ons helemaal niet daar te komen waar we moeten zijn.'

Catherine voelde dat maar een paar teamleden – Jane, Carlos en Jeff – haar opmerking voor even oprecht hielden als die was bedoeld.

Ze ging verder. 'Tegelijkertijd wil ik de zeer kritieke situatie waarin we ons bevinden niet minimaliseren. Wij hebben grote problemen en ik heb genoeg van deze groep gezien om te weten dat het er politiek aan toegaat.' Hoezeer ze de zorgen van haar managers ook respecteerde, Catherine deed geen stap terug. 'En eerlijk gezegd, ik zou het probleem liever groter maken dan kleiner. Maar alleen in het belang van het team, niet ter wille van mijn eigen genoegdoening. Daar kan je zeker van zijn.'

Aangezien zij zich de afgelopen anderhalve dag heel consistent had gedragen en gezien ook het vertrouwen waarmee Catherine haar woorden had uitgesproken, leek de meerderheid van de aanwezigen van haar goede bedoelingen overtuigd.

Nick vertoonde een frons, maar Catherine wist niet of hij boos was of in de war. Hij was in de war. 'Misschien moet je ons eens precies uitleggen wat je met politiek bedoelt.'

Catherine dacht even na voordat ze met een antwoord kwam. Ze klonk alsof ze voorlas uit een boek dat ze uit haar hoofd had geleerd. 'Er is sprake van politiek als mensen hun oordeel en handelingen kiezen op basis van hoe ze willen dat anderen zullen reageren en minder op basis van wat zij echt denken.'

Stilte in de zaal.

Martin, nog even serieus als altijd, doorbrak de spanning. 'Nou, wij zijn beslist politiek.' Hoewel hij niet de bedoeling had gehad om grappig te zijn, begonnen Carlos en Jane hard te lachen. Jeff glimlachte alleen maar en knikte.

Hoe dwingend de punten ook waren die ze had gemaakt, Catherine zag dat de leden van de groep nog niet wisten of ze haar ideeën zouden accepteren of aanvallen. Het werd heel snel duidelijk dat de volgende zet een aanval zou zijn.

AANVAL

Het verraste Catherine dat het JR was die haar uitdaagde. Hij deed het niet op een bijzonder aardige manier. 'Sorry hoor, maar je gaat ons toch geen drie weken laten wachten om uit te zoeken wat de andere frustraties zijn, wel? Kun je niet gewoon vertellen welke het zijn zodat wij kunnen uitzoeken wat er niet werkt en vervolgens verdergaan?'

Op het eerste gezicht kon het commentaar tamelijk onschuldig lijken. Het had zelfs een compliment kunnen zijn als het was geuit in een geest van echte nieuwsgierigheid. Maar op dat moment, met die intonatie, gezien de doorgaans zachte aard van de persoon die de vraag stelde, was dit het vinnigste commentaar tot nu toe van het hele verblijf in Napa.

Als Catherine een minder zelfverzekerde manager was geweest, zou ze verpletterd zijn door de opmerking. Heel even voelde ze teleurstelling dat de goede wil, waarvan ze gedacht had dat ze die aan het kweken was, zo snel weer was verdwenen. Anderzijds besefte ze ook dat dit precies was wat ze nodig had om binnen de groep echte veranderingen te kunnen bewerkstelligen: oprechte weerstand.

Catherine wilde heel graag aan haar oorspronkelijke plan vasthouden en haar simpele model stap voor stap onthullen. Toch besloot ze het advies op te volgen. 'Dat is geen probleem. Laten we nu meteen de andere drie frustraties bekijken.'

UITEENZETTING

Catherine liep naar het bord, maar voordat ze de tweede rij van onderen invulde, stelde ze de groep nog een vraag. 'Waarom denken jullie dat vertrouwen zo belangrijk is? Wat zijn de praktische consequenties als de leden van een groep elkaar niet vertrouwen?'

Nadat het enkele ogenblikken stil was geweest, probeerde Jane Catherine te helpen. 'Motivatieproblemen, inefficiëntie.'

'Dat is wat te algemeen. Ik zoek een heel specifieke reden waarom vertrouwen noodzakelijk is.'

Niemand leek al in staat Catherine antwoord te geven. Daarom deed ze het zelf. Direct boven afwezigheid van *vertrouwen* schreef ze: angst voor *conflicten*.

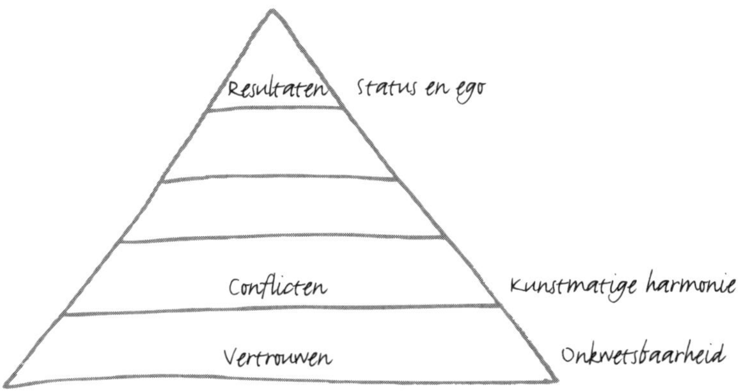

'Als we elkaar niet vertrouwen, zullen we ook niet bereid zijn open, constructieve en ideologische conflicten aan te gaan. Dat heeft tot gevolg dat een gevoel van kunstmatige harmonie in stand wordt gehouden.'

Nick kwam met een tegenwerping. 'Het heeft er meer van weg dat we te veel conflicten hebben. En niet zo heel veel harmonie, zou ik zeggen.'

Catherine schudde haar hoofd. 'Nee, er zijn spanningen, maar er is bijna geen constructief conflict. Passieve en sarcastische opmerkingen zijn geen voorbeelden van het conflict waar ik het over heb.'

Nu bracht Carlos iets te berde. 'Maar wat is er mis met harmonie?'

'Het ontbreken van conflicten is een probleem. Ik denk dat harmonie op zichzelf goed is als die voortkomt uit het oplossen van problemen en het uitwerken van conflicten. Maar als ze alleen het gevolg is van het feit dat mensen hun standpunten en hun zorgen voor zich houden, is dat negatief. Ik zou dat valse gevoel van harmonie op slag willen inruilen voor de bereidheid van een team effectief te discussiëren over een probleem om vervolgens zonder rancune weer aan het werk te gaan.'

Voor Carlos volstond deze uitleg.

Catherine profiteerde van de gelegenheid. 'Ik heb nu enkele stafbijeenkomsten meegemaakt en ik heb sterk het vermoeden dat jullie niet erg goed discussiëren. De frustratie komt soms naar boven in de vorm van subtiele opmerkingen, maar meestal wordt die ingehouden en opgepot. Is dat waar of niet?'

In plaats van antwoord te geven op haar half retorische vraag en Catherine dat genoegen te gunnen, ging Martin tegen haar in. 'Stel dat we meer gaan discussiëren. Dan zie ik ons daar niet effectiever van worden. Het gaat hoe dan ook heel wat tijd kosten.'

Nu waren het Mickey en JR die knikten. Catherine stond op het punt op de opmerking van Martin in te gaan, maar Jane en Carlos waren haar voor.

Eerst Jane. 'Denk je niet dat we onze tijd verdoen door de dingen niet uit te praten? Hoelang hebben we het al niet over het uitbesteden van IT? Ik geloof dat we er iedere vergadering op terugkomen; de ene helft is ervoor, de andere ertegen. We komen geen stap verder omdat niemand een ander wil afvallen.'

Met een overtuiging die anders zelden bij hem te horen was, voegde Carlos daaraan toe: 'Toevallig is dat precies waar we van balen!'

Martin raakte meer en meer overtuigd. Hij wilde weten wat de rest van het model inhield. 'Goed, maar wat is de volgende?' Zoveel bevestiging had Catherine van Martin nog nooit ontvangen.

Catherine liep weer naar het bord. 'De volgende frustratie van een team is een gebrek aan *betrokkenheid* en het niet handelen overeenkomstig de besluiten.' Ze noteerde deze boven de vorige. 'En het signaal hiervoor is vaagheid.' Dat schreef ze ernaast.

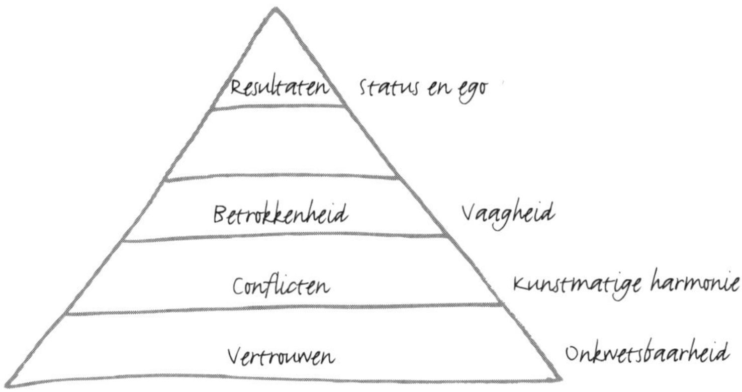

Nick was weer bij de les. 'Betrokkenheid? Daar klaagde mijn vrouw ook over voordat we getrouwd waren.' De groep grinnikte over deze matige grap.

Catherine had haar reactie klaar. 'Ik heb het over betrokkenheid bij een plan of een besluit. Het gaat erom dat iedereen er duidelijk mee instemt. Daarom zijn conflicten zo belangrijk.'

Martin mocht dan slim zijn, hij was niet te beroerd het te erkennen als iets hem niet duidelijk was. 'Ik snap het niet.'

Catherine gaf uitleg. 'Het is heel simpel. Als mensen niet met hun meningen naar buiten komen en niet het gevoel hebben dat er naar hen geluisterd is, zullen ze er niet echt voor gaan.'

'Dat doen ze alleen als je hen zegt wat ze moeten doen,' wierp Nick tegen. 'Ik denk dat je man zijn spelers ook niet laat stemmen over sprintoefeningen.'

Catherine ging op deze tegenwerping in. 'Natuurlijk niet. Maar hij geeft hen wel de ruimte om het te zeggen als ze vinden dat ze het niet zouden moeten doen. En als hij het niet met hen eens is, en ik ben er zeker van dat hij dat niet zou zijn, zou hij hen vertellen waarom het nodig is en hen vervolgens laten sprinten.'

'Dat heeft dus met consensus niets te maken.' De opmerking van Jane was in feite een vraag.

'Hemeltje nee,' benadrukte Catherine, terwijl ze weer klonk als een schooljuffrouw. 'Consensus is verschrikkelijk, ik bedoel, als iedereen het echt ergens over eens is en consensus komt snel en natuurlijk tot stand, dan is dat natuurlijk prachtig. Maar meestal gaat het niet zo en dan wordt consensus een poging om het iedereen naar de zin te maken.'

'Wat er meestal op neerkomt dat niemand zijn zin krijgt.' Terwijl Jeff dit zei, lag er een pijnlijke trek op zijn gezicht. Alsof hij zich iets vervelends herinnerde.

'Precies. De kwestie is dat redelijke mensen in een discussie hun zin niet hoeven te krijgen. Ze willen alleen maar gehoord worden en er zeker van zijn dat met hun bijdrage rekening wordt gehouden.'

'Waar zit dan hier dat gebrek aan betrokkenheid?' wilde Nick weten.

'Sommige teams raken verlamd door de noodzaak het volledig met elkaar eens te worden en door het onvermogen om de discussie te beëindigen.'

Nu was het de beurt aan JR. 'Verschil van mening en betrokkenheid.'

'Sorry?' Nu was het de beurt van Catherine om uitleg te vragen.

'Nou, bij het laatste bedrijf waar ik werkte, noemden we dat *verschil van mening en betrokkenheid*. Je kunt iets bespreken en het niet met elkaar eens zijn, maar je toch committeren. Alsof iedereen de beslissing volledig heeft geaccepteerd.'

Bij Jeff ging een licht op. 'Nou begrijp ik wat conflict hier mee te maken heeft! Zelfs als mensen in het algemeen bereid zijn om zich te committeren, zullen ze dat toch niet doen aangezien...'

Carlos onderbrak hem. '... aangezien ze eerst invloed moeten hebben gehad voor ze zich ergens achter kunnen stellen.'

Het leek erop dat iedereen het begreep.

'Wat is de laatste frustratie?' Het verraste iedereen dat Mickey deze vraag stelde. Ze leek bovendien werkelijk geïnteresseerd in het antwoord.

Catherine liep naar het bord om de laatste lege rij in te vullen. Maar voor ze kon beginnen, had Martin zijn laptop geopend en begon hij te typen. Iedereen verstijfde. Catherine stopte en keek naar Martin. Die leek geen benul te hebben van de spanning in de zaal.

Plotseling drong het tot hem door. 'Nee zeg, ik ben eh, ik zit net aantekeningen te maken. Kijk maar.' Hij probeerde iedereen het document te laten zien dat hij op zijn scherm had.

Het was grappig dat Martin zo graag zijn gedrag wilde verklaren en de regels van het team niet wilde overtreden. Catherine lachte, blij dat haar ingenieur plotseling enthousiast was over wat er gaande was. 'Het is goed. We geloven je. Ik zal het dit keer door de vingers zien.'

Catherine keek op haar horloge en realiseerde zich dat de groep al enkele uren niet gepauzeerd had. 'Ik zie dat het al laat is. Laten we eerst een halfuur pauzeren. Dan maken we het daarna af.'

Hoewel ze het zouden hebben ontkend als het hen gevraagd was, wist Catherine zeker dat ze teleurstelling zag op de gezichten om haar heen. JR was niet te beroerd om dat toe te geven. 'Laten we liever doorgaan en de laatste nog doen.' Toen voegde hij er humoristisch aan toe: 'Ik denk niet dat we ons kunnen ontspannen zolang we niet weten wat er komt.'

Hoe sarcastisch deze opmerking ook had kunnen klinken, de humor ging subtiel maar onmiskenbaar vergezeld van een vleugje erkenning. Mogelijk erkende hij de grofheid van zijn eerdere opmerking, misschien vond hij de uitleg van Catherine steekhoudend. Hoe dan ook, de toonzetting van zijn commentaar leek het belangrijkst.

Catherine voldeed graag aan zijn verzoek. Ze liep voor het laatst naar het bord en schreef: vermijden van *verantwoordelijkheid*.

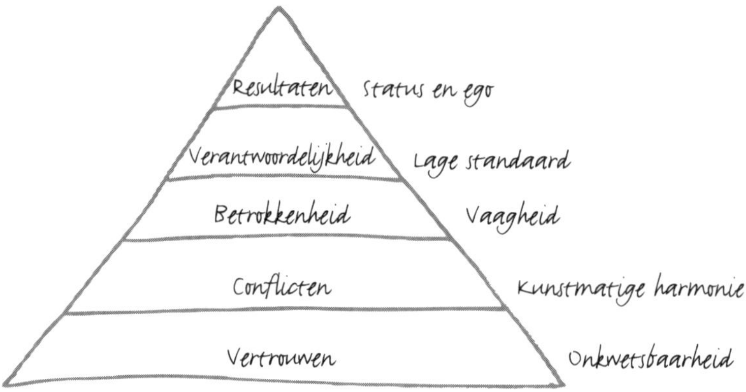

Catherine gaf uitleg. 'Hebben we eenmaal duidelijkheid en instemming bereikt, dan moeten we elkaar aanspreken op wat we afgesproken hebben, namelijk hoge eisen stellen aan prestaties en gedrag. Dat klinkt misschien simpel, maar de meeste managers hebben er een vreselijke hekel aan, zeker als het gaat om het gedrag van hun collega's. Fricties in de onderlinge relaties willen ze liefst vermijden.'

Jeff vroeg wat ze daarmee precies bedoelde.

'Ik heb het nu over het moment dat je met een van je collega's iets belangrijks moet bespreken. Vervolgens besluit je om het niet te doen omdat je er gewoon geen zin in hebt om...' Ze wachtte even en Martin maakte de zin voor haar af: '... tegen iemand te moeten zeggen dat hij moet ophouden met e-mailen tijdens vergaderingen.'

'Precies.' Dat Catherine deze aanvulling waardeerde, was iedereen duidelijk.

Carlos voegde eraan toe: 'Dat is iets waar ik echt een vreselijke hekel aan heb. Het staat me heel erg tegen om tegen iemand te moeten zeggen dat hij de lat te laag legt. Dan accepteer ik het nog liever en vermijd ik het...' Hij probeerde de juiste woorden te vinden.

Die vond Jane voor hem. 'Het relationele probleem.'

Carlos knikte. 'Inderdaad, ik denk dat het daarop neerkomt.' Hij dacht even na en ging toen verder. 'Het is vreemd. Tegenover mijn directe ondergeschikten heb ik er helemaal geen moeite mee om te zeggen wat ik denk. Hen lijk ik wel verantwoordelijk te kunnen stellen, zelfs als het om een lastige kwestie gaat.'

Catherine was verguld met deze opmerking. 'Precies. Hoe lastig het soms ook is om met je directe ondergeschikten het conflict aan te gaan en hen te confronteren met iets vervelends, tegenover je collega's is dat nog veel moeilijker.'

'Hoezo?' wilde Jeff weten.

Voordat Catherine iets kon zeggen, kwam Nick al met de uitleg. 'Omdat we geacht worden gelijkwaardig te zijn. En wie ben ik om tegen Martin, Mickey of Jane te zeggen hoe ze hun werk moeten doen? Als ik dat zou doen, zou ik het gevoel hebben dat ik me met hun zaken bemoeide.'

Catherine ging hierop door. 'De omgang met gelijken is zeker een van de problemen die ervoor zorgt dat teamverantwoordelijkheid iets problematisch is. Maar het is niet het hele verhaal.'

Omdat niemand een idee leek te hebben van wat er ging komen, wilde Catherine zelf verder gaan. Toen lichtte het gezicht van Mickey ineens op, alsof ze net een puzzel had opgelost. 'Geen instemming.'

'Wat?' vroeg Nick.

'Geen instemming. Mensen gaan elkaar niet verantwoordelijk stellen als ze niet duidelijk hetzelfde plan hebben onderschreven. Dat zou ook zinloos zijn. Ze zouden gewoon zeggen: 'Ik heb daar nooit mee ingestemd.'

Catherine was stomverbaasd dat juist Mickey hiermee kwam. En alsof dat nog niet genoeg was, voegde die eraan toe: 'Dit is echt zinnig.'

Alle aanwezigen keken elkaar aan alsof ze wilden zeggen: *Heb jij gehoord wat ik net hoorde?*

Op dat punt gekomen laste Catherine de laatste pauze van die dag in.

FILM NOIR

Hoe vaak Catherine ook al teams had opgezet en gereorganiseerd, ze kon er maar niet aan wennen dat dit gepaard ging met hoogte- en dieptepunten. Ze vroeg zich af waarom het niet mogelijk was een grote sprong voorwaarts te maken.

Met Mickey en Martin kennelijk aan boord, moest het in theorie nu betrekkelijk gemakkelijk zijn om het team te laten functioneren. Catherine wist echter ook dat de realiteit meestal niet met de theorie overeenkomt. Ze had nog een lange weg te gaan. Als mensen twee jaar lang geleerd hebben zich politiek te gedragen, breng je daar niet zo snel verandering in. Een enkel betoog, hoe dwingend ook, is zeker niet genoeg. Het pijnlijke, moeilijke gedeelte moest nog komen.

Nog een paar uur en het eerste verblijf buiten kantoor zou voorbij zijn. Catherine was geneigd de bijeenkomst vroeg af te sluiten en iedereen, juist nu het vrij goed ging, naar zijn werk te sturen. Daarmee zou ze echter twee belangrijke uren weggooien. Ze diende zoveel mogelijk vooruitgang te boeken – en snel ook – om er zeker van te zijn dat het bestuur niet in de verleiding zou komen een streep te zetten onder haar werkzaamheden.

Toen de groep na de pauze terugkwam, besloot Catherine een tamelijk licht onderwerp te introduceren dat verband hield met conflicten. Dat zou hun aandacht zo laat op de dag wel vasthouden.

‘Laten we nog eens terugkomen op het onderwerp conflicten.’

Ze voelde hoe iedereen een beetje in elkaar kromp bij het vooruitzicht om over zo’n gevoelig onderwerp te praten. Zelf zag Catherine uit naar dit onderdeel.

‘Kan iemand me vertellen wat het belangrijkste terrein is waar conflicten zich afspelen?’

Na een stilte deed Nick een gooi. 'Vergaderingen?'

'Inderdaad, vergaderingen. Als we niet leren om tijdens vergaderingen productieve en ideologische conflicten aan te gaan, kunnen we het wel vergeten.'

Jane glimlachte.

'Dit is echt geen grap. Het vermogen om hartstochtelijke, open debatten aan te gaan over wat we moeten doen, is net zo bepalend voor onze toekomst als de producten die we ontwikkelen of de partnerschappen die we sluiten.'

Het was laat in de middag. Catherine had het gevoel dat haar team na de lunch leed onder een soort voedselcoma. Ze had niet het gevoel dat ze contact met hen had. Om iets blijvends te bewerkstelligen moest ze hun interesse zien te wekken.

'Wie van jullie zou liever naar een vergadering gaan dan naar een film?'

Niemand stak zijn hand op.

'Waarom niet?'

Het duurde even voor Jeff zich realiseerde dat dit geen retorische vraag was. 'Omdat films interessanter zijn. Zelfs de slechte.'

Zijn collega's grinnikten.

Catherine glimlachte. 'Inderdaad. Maar als je erbij stilstaat zouden vergaderingen minstens zo interessant moeten zijn als films. Will, mijn zoon, heeft op de filmacademie gezeten en van hem heb ik geleerd dat vergaderingen en films veel met elkaar gemeen hebben.'

De groep leek eerder aarzelend dan geïntrigeerd, maar in ieder geval had Catherine nu even hun aandacht. 'Denk hier eens aan: een film duurt gemiddeld ruim anderhalf uur. Hetzelfde geldt voor stafvergaderingen.'

Men knikte beleefd.

'Maar vergaderingen zijn interactief terwijl films dat niet zijn. We kunnen niet roepen naar de acteur op het scherm: 'Ga dat huis niet in, idioot!'

Vrijwel iedereen zat te lachen. In een kort en weinig karakteristiek moment van onzekerheid vroeg Catherine zich af of men haar nu eindelijk aardig begon te vinden.

Ze ging verder. 'Maar belangrijker is dat films geen echte invloed hebben op ons leven. Ze vragen niet van ons dat we ons gedrag afstemmen op de afloop van het verhaal. Vergaderingen daarentegen zijn zowel interactief als relevant. We dienen ons zegje te doen en de uitkomst van een discussie heeft vaak een heel reële invloed op onze levens. Waarom zien we dan zo tegen vergaderingen op?'

Toen niemand reageerde, drong Catherine aan. 'Nou, waarom hebben we er zo'n hekel aan?'

'Omdat ze erg vervelend zijn.' Mickey leek meer van haar antwoord te genieten dan ze eigenlijk had moeten doen.

'Precies, ze zijn vervelend, en als je wilt begrijpen waarom dat zo is, hoef je ze alleen maar met films te vergelijken.'

Nu begon de groep weer geïnteresseerd te raken.

Catherine ging verder. 'Of het nu om een actiefilm gaat, een drama, een komedie of een artistieke Franse film, iedere film die de moeite van het bekijken waard is, moet over een bepaald ingrediënt beschikken. Welk ingrediënt is dat?'

Martin antwoordde droog: 'Nou, aangezien we het over conflicten hebben, zal het dat wel zijn.'

'Inderdaad, dat is inmiddels wel duidelijk, niet? Iedere grote film heeft een conflict. En als dat ontbreekt, interesseert het ons gewoon niet wat er met de personages gebeurt.'

Catherine liet deze opmerking even bezinken voor ze verder ging. 'Ik kan jullie verzekeren dat voortaan iedere stafvergadering bol zal staan van de conflicten. Je zult je niet vervelen. En als er niets is om het over oneens te zijn, zullen we ook niet vergaderen.'

Die uitspraak leek het team wel te bevallen. Catherine wilde haar belofte meteen inlossen. 'En daar gaan we nu onmiddellijk mee beginnen.' Ze keek op haar horloge. 'We hebben nog bijna twee uur te gaan. Ik dacht dat we nu onze eerste echte besluitvormende vergadering als groep moesten hebben.'

Met een serieus gezicht maakte Nick een tegenwerping. 'Catherine, ik weet niet of ik hierin mee kan gaan.' Iedereen wachtte verrast op een verklaring. 'Ik heb helemaal geen agenda ontvangen.' Zelfs Jeff moest lachen om de goedbedoelde plagerij van hun vroegere ceo.

TOEPASSING

Catherine liet geen tijd verloren gaan. 'Luister. We vertrekken hier pas als we onze algemene doelstelling voor de rest van het jaar op papier hebben staan. Ik zou niet weten waarom we dat niet hier en nu zouden kunnen doen. Iemand?'

'Wat bedoel je precies?' De vraag was afkomstig van Jane. 'Een soort thema?'

'Ja. De vraag die we moeten beantwoorden is deze: als we iets doen tussen nu en het eind van het jaar, wat zou dat dan moeten zijn?'

Nick en JR antwoordden tegelijkertijd. 'Marktaandeel.'

Aan tafel werd geknikt, behalve door Martin en Jane. Catherine richtte zich tot hen.

'Jullie twee lijken niet overtuigd. Waar denk je aan?'

Martin verklaarde dat het volgens hem productverbetering moest zijn.

Jane voegde daaraan toe: 'En ik vraag me af of beperking van de kosten niet onze topprioriteit moet zijn.'

Catherine weerstond de verleiding zelf op deze suggesties in te gaan. 'Wie wil daar iets over zeggen?'

JR meldde zich. 'Oké, ik denk dat onze technologie net zo goed, zo niet beter is dan die van onze concurrenten. Toch zijn hun resultaten beter dan die van ons. Als we te veel achterop raken in termen van marktaandeel maakt het niet meer uit waartoe onze producten in staat zijn.'

Martin fronste zijn voorhoofd. 'Als je dat denkt, moet je je maar eens voorstellen wat er zou gebeuren als we met onze producten achterop zouden raken.'

Zoals altijd probeerde Carlos ook nu weer vrede te stichten. 'Kunnen we maar één algemeen doel hebben?'

Catherine knikte. 'Als alles even belangrijk is, is niets belangrijk.' Ze weigerde een uitgebreide verklaring te geven. Ze vond dat de groep daar zelf op moest komen.

Jane hield vol. 'Kan iemand mij vertellen waarom kostenbeperking niet het doel is?'

Mickey had een antwoord klaar. 'Omdat het, als we geen manier vinden om geld te verdienen, geen zin heeft om in de kosten te snijden.' Hoe irritant haar toon ook was, de waarheid van wat ze zei, kon niet ontkend worden. Zelfs Jane knikte instemmend.

Catherine gaf kort commentaar. 'Dit is het meest positieve gesprek dat ik gehoord heb sinds ik hier ben. Ga door.'

Dat gaf Jeff de moed zijn zegje te doen. 'Ik weet het niet, ik ben er niet zo zeker van dat marktaandeel in dit opzicht de juiste maatstaf is. We weten niet echt hoe groot de markt is en in welke richting die zich ontwikkelt.' Hij dacht even na. 'Ik denk dat we meer goede klanten nodig hebben. Of we er twintig meer of twintig minder hebben dan de concurrentie lijkt niet zoveel uit te maken.'

Mickey wierp tegen: 'Dat is hetzelfde als marktaandeel.'

'Dat denk ik niet,' stelde Jeff op neutrale toon.

Mickey rolde met haar ogen.

Nick wilde voorkomen dat de aanvaring die hij de vorige dag met haar had gehad, zich zou herhalen. 'Luister eens, of we het nu marktaandeel of klanten noemen, maakt niet veel uit. We moeten gewoon verkopen.'

Nu was het de beurt aan Catherine. 'Ik denk dat het wel iets uitmaakt. Wat vind jij, JR?'

'Ik denk dat Jeff gelijk heeft. Als we voldoende goede klanten hebben, dus klanten die zelf weer anderen op ons attent maken, doen we het heel goed. Eerlijk gezegd, kan het me wat dit betreft niet veel schelen wat onze concurrenten doen. Tot we zelf goed draaien en de markt vorm krijgt, leidt ons dat alleen maar af.'

Martin toonde zich geërgerd. 'Luister nou toch eens, zo zitten we iedere vergadering te praten. Als het niet marktaandeel tegenover omzet is, dan is het wel klanten vasthouden tegenover klantentevredenheid. Het komt op mij erg academisch over.'

Catherine dwong zichzelf niets te zeggen gedurende de paar ogenblikken dat iedereen nadacht over de opmerkingen van Martin. Toen vroeg ze: 'Hoe eindigen dit soort gesprekken doorgaans?'

Martin schokschouderde. 'Ik denk, als de tijd op is.'

'Oké. Laten we binnen vijf minuten een einde maken aan deze discussie. Is er hier iemand die gelooft dat de sleutel voor de volgende negen maanden iets te doen heeft met marktaandeel, klanten, omzet, enzovoorts? Als een van jullie denkt dat we helemaal op het verkeerde spoor zitten, moet je dat nu luid en duidelijk zeggen.'

Iedereen keek elkaar aan alsof ze wilden zeggen: *Ik kan niks beters bedenken.*

'Goed, laten we dan eerst eens vaststellen waar we het precies over hebben. Ik zou graag zien dat iemand een hartstochtelijk pleidooi hield voor de stelling dat het om de omzet draait. JR, iets voor jou?'

'Natuurlijk kun je zeggen dat omzet het goede antwoord is, omdat we contanten nodig hebben. Maar eerlijk gezegd denk ik dat het op dit moment veel belangrijker is de wereld te laten zien dat er klanten zijn die belangstelling hebben voor onze producten. Omzet is niet zo belangrijk als het afsluiten van deals en het werven van nieuwe klanten.' Al pratend had hij de omzet achter zich gelaten. 'Slaat dit ergens op?'

'Volgens mij is het heel zinnig.' Catherine wilde nog meer duidelijkheid. 'Dus er is niemand die beweert dat omzet ons belangrijkste doel is.'

Jane wierp een snelle blik om zich heen en zei toen: 'Wil je nou beweren dat we geen omzetdoelstelling hebben?'

'Nee, een omzetdoelstelling hebben we zeker. Het gaat er alleen om dat omzet niet de ultieme maatstaf is voor ons succes op dit ogenblik. We hebben het onderwerp ingeperkt tot marktaandeel en nieuwe klanten. Kan iemand me vertellen waarom marktaandeel het goede antwoord is. Mickey?'

'Door middel van het marktaandeel bepalen analisten en de pers wat succes is. Zo simpel is dat.'

Martin wierp tegen: 'Nee, Mickey. Telkens als mij als stichter van het bedrijf vragen worden gesteld, gaat het over onze belangrijkste klanten. Men wil de namen van topbedrijven en van mensen die bereid zijn voor ons in te staan.'

Mickey haalde haar schouders op.

Catherine richtte zich tot haar. 'Haal je je schouders op omdat je het er niet mee eens bent en je het opgeeft? Of voel je dat hij iets belangrijks naar voren heeft gebracht waar je niets tegen kunt inbrengen?'

Mickey dacht na. 'Het tweede.'

'Goed, dan zijn we nu toe aan het volgende item, het werven van nieuwe klanten. Kan iemand me zeggen waarom dit ons collectieve, algemene doel zou moeten zijn?'

Deze keer hoefde Catherine niet aan te dringen. Carlos meldde zich vrijwillig.

'Omdat de pers dan iets heeft om over te schrijven. Het zou onze werknemers vertrouwen geven. Het zou Martin en zijn medewerkers van feedback voorzien over zijn product. En het zou ons ertoe aansporen volgend jaar meer klanten binnen te halen.'

JR voegde eraan toe: 'Om niet te spreken van vervolgverkopen.'

'Dames en heren,' kondigde Catherine aan, 'als ik de komende vijf seconden niet iets hoor wat zo overtuigend is dat ik van gedachten verander, denk ik dat we het eens zijn over onze topprioriteit.'

De leden van de staf zaten elkaar aan te kijken alsof ze wilden zeggen: Zijn we het werkelijk ergens met elkaar over eens?

Toch was Catherine nog niet tevreden. Ze wilde meer details. 'Hoeveel nieuwe klanten hebben we nodig?'

Dankzij de concrete discussie leek de groep hechter te zijn geworden. Het volgende halfuur bespraken ze het aantal nieuwe klanten dat ze konden en moesten binnenhalen.

Jane pleitte voor het grootste aantal, gevolgd door Nick en Mickey. JR was gefrustreerd geraakt en pleitte voor het laagste aantal. Hij wilde zijn quota zo laag mogelijk houden om zijn verkopers niet te ontmoedigen. Jeff, Carlos en Martin zaten er tussenin.

Toen de discussie leek uit te doven, kwam Catherine tussenbeide. 'Oké, tenzij iemand nog iets heeft, geloof ik dat ik alle meningen heb gehoord. Waarschijnlijk zullen we het ook niet helemaal met elkaar eens worden, maar dat is prima want we houden ons hier niet met wetenschap bezig. Ik zal het aantal vaststellen gebaseerd op wat jullie gezegd hebben, en aan dat aantal gaan we ons houden.'

Ze dacht even na alvorens verder te gaan. 'Jane, we gaan dit jaar geen dertig deals afsluiten, ook al weet ik hoe graag je die omzet in je boeken zou noteren. En JR, ik waardeer je wens om je mensen gemotiveerd te houden, maar tien is niet genoeg. Onze concurrenten doen meer dan het dubbele en de analisten zullen ons uitkotsen als we op tien uitkomen.'

JR leek de redenering van Catherine niet te kunnen volgen.

Ze ging verder. 'Ik denk dat we het goed doen als we achttien nieuwe klanten kunnen binnenhalen. Daarvan moeten er minstens tien bereid zijn om voor ons in te staan.'

Ze pauzeerde even om ruimte te bieden aan commentaren. Toen die uitbleven, verklaarde ze: 'Goed dan, op 31 december hebben we achttien nieuwe klanten.'

Het viel niet te ontkennen dat het team in twintig minuten meer vooruitgang had geboekt dan anders in een maand. Het volgende uur verdiepten ze zich in de kwestie van de nieuwe klanten. Ze bespraken de vraag wat iedereen, van marketing tot financiën en techniek, zou moeten doen om deze achttien deals te realiseren.

Met nog een kwartier te gaan besloot Catherine naar een afronding toe te werken. 'Goed, we houden ermee op. Volgende week is er een stafbijeenkomst en dan kunnen we dieper ingaan op deze en andere belangrijke kwesties.'

De groep leek opgelucht dat het voorbij was. Catherine stelde nog een laatste vraag. 'Zijn er nog opmerkingen, vragen of problemen die mensen naar voren willen brengen voordat we vertrekken?'

Niemand wilde door het noemen van een onderwerp het vertrek vertragen, maar Nick besloot toch iets te zeggen. 'Ik moet zeggen dat we de afgelopen twee dagen volgens mij meer vooruitgang hebben geboekt dan ik had verwacht.'

Jane en Carlos knikten instemmend. Tot ieders verrassing rolde Mickey deze keer niet met haar ogen.

Catherine vroeg zich af of Nick bij haar in het gevlei wilde komen of dat hij werkelijk waardeerde wat er was gebeurd. Ze besloot hem het voordeel van de twijfel te gunnen en accepteerde het verzwegen compliment dankbaar.

Daarop zei JR: 'Ik ben het met Nick eens. We hebben hier veel bereikt en het zal ons echt goed doen dat we nu duidelijkheid hebben over ons belangrijkste doel.'

Catherine voelde dat er nog een kanttekening op komst was. En ze had gelijk.

JR vervolgde. 'Ik vraag me wel af of we moeten doorgaan met deze uitstapjes. Ik bedoel, het is toch een hele reis en we zullen de komende maanden veel werk moeten verzetten om de deals te sluiten. Misschien kunnen we afwachten hoe de dingen zich ontwikkelen.'

Hij maakte zijn gedachtegang niet echt af. Martin, Mickey en Nick knikten voorzichtig instemmend.

Catherine had een paar minuten daarvoor nog het idee gehad dat er iets tot stand was gebracht. Nu werd dat gevoel weer naar de achtergrond gedrongen. Ze wilde de suggestie van JR liefst snel en krachtdadig uit de wereld helpen. Toch wachtte Catherine om te zien of iemand anders het voor haar zou doen. Net toen ze dacht dat niemand haar te hulp zou komen, nam Jeff het woord. Hij liet zien hij dat hij de meeste ideeën die Catherine naar voren had gebracht, had overgenomen.

'Eerlijk gezegd zou ik het afgelasten van onze volgende bijeenkomst over twee weken een slecht idee vinden. Ik vind dat als we weer aan het werk gaan het maar al te gemakkelijk is terug te vallen tot het niveau van de voorbije jaren. Dat was een permanente worsteling. Hoe lastig ik het ook vond hier de afgelopen paar dagen te zitten, ik ben toch gaan beseffen hoe weinig ik erin geslaagd ben ons te laten functioneren als een team. We hebben nog een lange weg te gaan.'

Jane en Carlos knikten instemmend.

Catherine maakte van de gelegenheid gebruik om haar team voor te bereiden op wat er ging komen. Ze richtte zich allereerst tot JR en Nick.

'Ik waardeer jullie wens zoveel mogelijk bezig te zijn met het sluiten van deals.' Ze was ietwat onoprecht, maar ze wilde hen niet te hard en te vroeg neersabelen. 'Ik wil jullie echter herinneren aan wat ik gisteren gezegd heb, bij het begin van onze bijeenkomst hier. Wij beschikken over meer geld, betere technologie en meer getalenteerde en ervaren managers dan onze concurrenten. En toch lopen we achter. Wat bij ons ontbreekt, is teamwork. Ik beloof jullie plechtig dat het mijn eerste prioriteit als ceo is ervoor te zorgen dat jullie, ik bedoel, wij, effectiever worden als groep.'

Mickey, Martin, en Nick leken nu iets meer op hun gemak, maar Catherine ging door. 'En wat ik nu ga zeggen is even belangrijk als alle opmerkingen die ik hier eerder heb gemaakt.' Ter wille van het effect wachtte ze even. 'De komende twee weken zal ik tamelijk onverdraagzaam zijn aangaande gedrag dat een afwezigheid van vertrouwen of een focus op het individuele ego verraadt. Ik zal conflicten aanmoedigen, aansturen op duidelijke afspraken en ik verwacht dat jullie elkaar op jullie verantwoordelijkheden aanspreken. Ik zal negatief gedrag aan de kaak stellen als ik het waarneem en ik zou graag zien dat jullie hetzelfde deden. We hebben echt geen tijd te verliezen.'

Het was stil in de zaal.

'Goed dan, over twee weken zien we elkaar hier weer. Rijd voorzichtig allemaal en ik zie jullie morgen op kantoor.'

Toen iedereen zijn spullen pakte en op weg was naar de uitgang, had Catherine graag een goed gevoel gehad over wat er bereikt was. Ze dwong zichzelf echter onder ogen te zien dat in de toekomst de dingen waarschijnlijk eerst slechter zouden moeten gaan, misschien wel veel slechter, voordat er verbetering zou optreden.

Ook de meeste managers leken ontnuchterd door het waarschijnlijke vooruitzicht van aanhoudend geploeter. Niemand zou verbaasd zijn geweest als hij geweten had dat een van hen er de volgende keer niet bij zou zijn. Ze zouden echter geschokt zijn geweest als ze hadden geweten dat de naam van die collega niet 'Mickey' was.

Deel 3

Een zware klus

OP KANTOOR

Terug op kantoor verbaasde het zelfs Catherine dat de vooruitgang die in Napa Valley was geboekt zo snel in rook opging.

Toch waren er ook tekenen van hoop. Zo hadden Carlos en Martin samen met de stafleden een bespreking over klanttevredenheid. Het was in ieder geval genoeg om bij de werknemers geruchten te doen ontstaan. Voor Catherine bestond er geen twijfel over dat het team zowel intern als tegenover haar op zijn hoede was.

Uitgaande van het wat krampachtige gedrag dat ze om zich heen zag, leek het Catherine dat het team de twee dagen in Napa compleet vergeten was. Ze zag weinig interactie en nauwelijks een teken van bereidheid om zich met elkaar bezig te houden. De teamleden leken gegeneerd dat ze iets van zichzelf hadden laten zien. Ze deden nu alsof er helemaal nooit iets gebeurd was.

Catherine had dit echter al vaak meegemaakt. En hoewel ze teleurgesteld was dat de groep de concepten waarmee gewerkt was niet volledig in zich had opgenomen, wist ze ook dat dit typisch een eerste reactie was. Ze wist bovendien dat ze de terugval alleen kon bestrijden door er recht op af te gaan. Ze moest ervoor zorgen dat het bloed van de groep weer ging stromen. Ze had er geen idee van dat ze op het punt stond een slagader te raken.

Het gebeurde kort nadat ze weer op kantoor waren teruggekeerd. Later die dag zou Catherine haar eerste officiële stafvergadering hebben.

Nick had een speciale vergadering bijeengeroepen om een mogelijke acquisitie te bespreken. Hij nodigde alle teamleden uit die belangstelling hadden, maar maakte duidelijk dat hij in ieder geval Catherine, Martin, JR en Jeff erbij wilde hebben. Jane en Carlos kwamen ook opdagen.

Alvorens de vergadering te openen, vroeg Nick: 'Waar is JR?'

'Die is vanmorgen niet op kantoor,' zei Catherine. 'Laten we beginnen.'

Nick haalde zijn schouders op en begon een stapel glossy brochures onder zijn collega's te verspreiden. 'De naam van het bedrijf is Green Banana.' Iedereen lachte.

'Ik weet ook niet hoe ze aan dat soort namen komen. Hoe dan ook, het is een bedrijf in Boston dat ons kan aanvullen en kan beconcurreren. Dat is moeilijk te zeggen. In ieder geval denk ik dat we moeten overwegen hen over te nemen. Zij zitten om geld verlegen en wij hebben meer dan we op dit ogenblik nodig hebben.'

Jeff, die zich in de eerste plaats lid van de raad van bestuur voelde, stelde de eerste vraag. 'Wat zouden we daarvoor krijgen?'

Nick die voor zichzelf al had uitgemaakt dat het een zinnige koop was, antwoordde snel. 'Klanten, werknemers, technologie.'

'Hoeveel klanten?' De vraag kwam van Catherine.

Martin kwam met een nieuwe vraag voordat Nick de eerste kon beantwoorden. 'Is hun technologie goed? Ik heb nog nooit van hen gehoord.'

Nick had zijn antwoorden klaar. 'Wat het aantal klanten betreft, ze zijn ongeveer half zo groot als wij.' Hij keek in zijn aantekeningen. 'Ongeveer twintig denk ik. En voor die klanten is hun technologie kennelijk goed genoeg.'

Martin was sceptisch.

Catherine fronste haar voorhoofd. 'Hoeveel werknemers hebben ze? En zitten die allemaal in Boston?'

'Er werken ongeveer 75 mensen, en op een stuk of zeven na zitten die allemaal in Beantown.'

Tijdens het verblijf in Napa had Catherine er zorgvuldig op gelet haar meningen voor zich te houden. Het belangrijkste doel was geweest de vaardigheden van het team te ontwikkelen. Nu er in de echte wereld beslissingen moesten worden genomen, was terughoudendheid niet haar grootste kwaliteit. 'Wacht eens even. Dat klinkt niet goed, Nick. In omvang zou ons bedrijf met 50 procent toenemen en we zouden een heel nieuwe lijn producten erbij krijgen. Ik denk dat we op het ogenblik al met genoeg uitdagingen worden geconfronteerd.'

Hoezeer Nick ook voorbereid was op tegenstand, het lukte hem niet zijn ongeduld te verbergen. 'Als we geen krachtige maatregelen nemen, laten we mogelijkheden om afstand te nemen van onze concurrenten onbenut. Op dit punt moeten we visionair zijn.'

Nu zat Martin met zijn ogen te draaien.

Catherine richtte zich tot Nick. 'Ten eerste vind ik dat Mickey op deze vergadering had moeten zijn. Ik zou graag willen weten wat zij denkt in termen van marktpositie en strategie. En ik...'

Nick viel haar in de rede. 'Mickey zou aan deze discussie helemaal niets toevoegen. Dit heeft niets te maken met public relations of reclame. Het gaat om strategie.'

Catherine wilde Nick wel aanvliegen omdat hij zo hard was over iemand die niet aanwezig was. Dat ontging niemand. Maar ze besloot een paar minuten te wachten. 'Ik was nog niet klaar. Ik denk ook dat de problemen die we op het ogenblik hebben met de onderlinge verhoudingen door een aankoop alleen maar zouden verergeren.'

Nick haalde diep adem alsof hij wilde zeggen: Het is toch ongelofelijk dat ik met dit soort mensen moet omgaan. Voor hij iets kon zeggen waar hij later spijt van zou krijgen, nam Catherine het woord.

'Ik heb begrepen dat onze kaspositie beter is dan die van onze directe concurrenten en dan die van 90 procent van de technologiebedrijven in de Valley. Maar dat we het hebben, betekent niet dat we het zouden moeten uitgeven. Of het zou heel duidelijk om een topper moeten gaan.'

Nu had Nick bijna spijt van zijn woorden. 'Met alle respect, Catherine, je bent misschien een prima manager als het aankomt op het leiden van vergaderingen en het verbeteren van teamwork. Maar van onze bedrijfstak weet je helemaal niets. Ik denk dat je dat soort zaken zou moeten overlaten aan Jeff en mij.'

Iedereen verstarde. Catherine was er zeker van dat iemand Nick zou kapittelen over zijn tirade. Ze had het mis. Martin was zo brutaal om op zijn horloge te kijken en te zeggen: 'Zeg, het spijt me, maar ik heb nog een vergadering. Laat het mij weten als jullie mijn inbreng nodig hebben.' En hij vertrok.

Catherine was er volledig op voorbereid om een van haar ondergeschikten op het matje te roepen voor destructief gedrag dat schadelijk was voor het hele team, maar ze vond niet dat de eerste gelegenheid om haarzelf moest draaien. Dat maakte het moeilijker, maar niettemin noodzakelijk. De vraag was of ze het onder vier ogen moest doen of voor het front van de hele groep.

'Nick, heb je liever dat we deze discussie hier voeren of onder vier ogen?'

Hij dacht heel goed over deze vraag na, zich volledig bewust van wat er stond te gebeuren. 'Ik zou heel stoer kunnen doen en zeggen: als je iets te zeggen hebt, doe het dan maar. Maar ik denk dat we dit beter samen kunnen bespreken.' Gedurende een fractie van een seconde lag er een glimlach op zijn gezicht.

Catherine verzocht de rest van de groep haar even met Nick alleen te laten. 'Ik zie jullie vanmiddag bij de stafvergadering.' Ze waren blij dat ze konden gaan.

Zodra iedereen weg was, nam Catherine het woord. Ze was vol vertrouwen en ontspannen, veel beheerster dan Nick had verwacht.

'Ten eerste moet je nooit kritiek leveren op een van de teamleden als die niet zelf aanwezig is. Wat je van Mickey denkt, kan mij niet schelen. Zij maakt deel uit van dit team en jij moet met je problemen direct naar haar gaan of naar mij. Ik verwacht van je dat je daarop terugkomt.'

Nick zag er met zijn 1 meter 90 uit als een leerling van de lagere school in de kamer van het hoofd. Maar dat duurde niet lang. Zijn frustratie kreeg weer de overhand en hij ging in de tegenaanval. 'Ik heb hier helemaal niets te doen. We gingen ervan uit dat we veel sneller zouden groeien en veel meer M&A-activiteiten zouden ontwikkelen. Het is niets voor mij om hier te zitten kijken...'

Catherine viel hem in de rede. 'Dus dit gaat over jou?'

'Wat zeg je?'

'Die overname. Gaat het erom dat jij iets te doen wil hebben?'

Nick probeerde terug te krabbelen. 'Nee, ik denk dat het een goed idee is. Het zou strategisch voor ons kunnen zijn.'

Catherine zat te luisteren en net als een crimineel die ondervraagd wordt, begon Nick zijn hart te luchten. 'Kijk, ik heb hier niets te doen. Ik heb mijn gezin door het halve land gesleept in de verwachting dat ik hier ooit de baas zou zijn. Ik voel me verveeld en hulpeloos. Ondertussen zie ik hoe mijn collega's de zaak in de soep laten lopen.' Nick staarde naar de grond. Hij schudde met zijn hoofd, zowel uit schuldgevoel als uit ongeloof over de situatie.

Catherine ging rustig op zijn uitlatingen in. 'En denk je dat jij een bijdrage levert aan het in de soep laten draaien van deze zaak?'

Hij keek omhoog. 'Nee. Ik bedoel, ik word geacht de groei van de infrastructuur, fusies en overnames onder me te hebben. Daar komt helemaal niets van terecht omdat de raad vindt...'

'Ik bedoel iets anders, Nick. Maak jij dit team beter of draag je bij aan het slecht functioneren?'

'Wat denk je?'

'Ik denk niet dat je het beter maakt.' Ze pauzeerde. 'Het is duidelijk dat je veel in je mars hebt, of je nu wel of niet ooit de baas zal zijn.'

Nick probeerde iets uit te leggen. 'Ik bedoelde niet dat ik jouw baan wil. Ik gaf lucht aan...'

Catherine stak haar hand op. 'Maak je geen zorgen. Zo af en toe mag dat ook. Maar ik moet je wel zeggen dat ik niet zie dat je andere mensen ondersteunt. Je haalt hen eerder naar beneden.'

Nick was nog niet klaar voor wat Catherine hem vertelde. Hij vroeg: 'Wat denk je dat ik zou moeten doen?'

‘Waarom probeer je de rest van de groep niet duidelijk te maken waar je vandaan komt. Vertel hun wat je net aan mij hebt verteld, dat je je nutteloos voelt en je hele gezin hebt meegesleept...’

‘Dat heeft toch niets te maken met een eventuele overname van Green Banana.’

Allebei glimlachten ze om de belachelijke naam.

Nick ging verder. ‘Ik bedoel, als ze niet begrijpen waarom we dat soort dingen moeten doen, is het misschien...’ Hij aarzelde.

Catherine maakte zijn zin af. ‘Misschien wat? Zou je misschien moeten vertrekken?’

Nick reageerde boos. ‘Is dat wat je wil? Als je dat wilt, moet ik het misschien wel doen.’

Catherine bleef rustig. Ze gaf Nick de gelegenheid de situatie tot zich te laten doordringen. Ze zei: ‘Het gaat er niet om wat ik wil. Het gaat om jou. Iedereen moet uitmaken wat belangrijk is: bijdragen aan een goed team of voor zijn carrière zorgen.’

Catherine vond zelf ook dat ze wat hard klonk, maar ze wist waar ze mee bezig was.

‘Ik zie niet in waarom die twee elkaar zouden moeten uitsluiten,’ wierp Nick tegen.

‘Dat doen ze ook niet. Het gaat erom dat een van de twee belangrijker moet zijn dan de andere.’

Nick keek naar de muur, schudde met zijn hoofd en probeerde uit te maken of hij woedend moest zijn op Catherine of dankbaar omdat ze op een beslissing aanstuurde. ‘Wat maakt het ook uit.’ Hij stond op en beende de kamer uit.

VUURWERK

Om twee uur die middag zat iedereen om de tafel in de grote conferentieruimte te wachten tot de stafvergadering zou beginnen. Iedereen behalve Nick en JR. Catherine keek op haar horloge en besloot te beginnen. 'Vandaag zullen we kort stilstaan bij de stand van zaken en daarna zullen we vooral kijken wat er gedaan moet worden om de afgesproken achttien deals te kunnen afsluiten.'

Jeff stond op het punt aan Catherine te vragen waar Nick en JR waren, toen Nick net kwam binnenlopen.

'Sorry dat ik laat ben.' Er waren nog twee zitplaatsen vrij. De ene naast Catherine en de andere aan het andere eind van de tafel. Hij koos voor de laatste.

Gezien wat er eerder die dag al was gebeurd, gaf Catherine Nick geen reprimande. De rest van het team leek te begrijpen dat ze zich inhield. Ze opende de vergadering. 'Voor we beginnen, moet ik...'

Nick onderbrak haar. 'Ik moet iets zeggen.'

Iedereen wist dat Nick onbeleefd en grof kon zijn. De manier waarop hij zojuist Catherine had onderbroken – na bovendien te laat te zijn gearriveerd op de eerste officiële stafvergadering – leek de staf wel bijzonder brutaal. Vreemd genoeg leek het Catherine helemaal niet te hinderen.

Nick begon. 'Ik wil een paar dingen kwijt.'

Niemand verroerde zich. Iedereen dacht alleen maar aan de dingen die gingen komen.

'Eerst iets over de vergadering van vanmorgen. Ik was er niet helemaal bij. Ik had me ervan moeten verzekeren dat Mickey aanwezig was; en die opmerking over haar was niet netjes.'

Mickey was eerst stomverbaasd. Toen werd ze boos, maar ze bleef zwijgen.

Nick richtte zich tot haar. 'Maak je maar niet druk, Mickey. Ik heb het er later wel met je over. Zo belangrijk is het nu ook weer niet.' Vreemd genoeg leek Mickey gerustgesteld door de flair en het zelfvertrouwen van Nick.

Hij vervolgde: 'Bovendien, hoezeer ik ook geloof dat Green Banana belangrijk genoeg is om te bespreken, dat ik zoveel nadruk heb gelegd op die overname komt meer omdat het me iets te doen zou geven. Ik begin te denken dat mijn werk hier mijn loopbaan geen goed heeft gedaan. Ik wil juist iets waarmee ik voor de dag kan komen. Ik zou niet weten hoe ik op mijn cv moet uitleggen wat ik de voorbije achttien maanden heb gedaan.'

Jane keek naar Catherine, de enige in de kamer die niet gechoqueerd leek.

Nick ging verder. 'Ik denk dat het tijd wordt dat ik de feiten onder ogen zie en een beslissing neem.' Hij wachtte even voor hij verder ging. 'Ik moet iets veranderen. Ik moet een manier vinden om iets bij te dragen aan het team en aan dit bedrijf. En daarvoor heb ik jullie hulp nodig. Anders kan ik beter vertrekken. Maar daar ben ik nog niet aan toe.'

Catherine zou graag hebben beweerd dat ze had geweten dat Nick zou inbinden, maar later zou ze haar man toegeven dat ze echt geloofd had dat hij zou vertrekken. Hoewel ze het mis had, was ze plotseling opgetogen dat hij bleef. Ze kon niet precies uitleggen waarom.

Het was stil in de kamer. Niemand wist hoe te reageren op deze woorden die noch bij Nick noch bij het team pasten. Catherine wilde Nick complimenteren met zijn openhartigheid, maar ze besloot het moment voor zichzelf te laten spreken. Toen duidelijk werd dat het team volledig doordrongen was van de betekenis van de situatie en er niets meer aan kon toevoegen, was het Catherine die de stilte doorbrak. 'Ik heb een mededeling te doen.'

Martin was ervan overtuigd dat er zo meteen een groepsknuffel zou volgen, of in ieder geval een heel gevoelig verzoenend commentaar van Catherine. Ze zei echter: 'JR heeft gisteravond ontslag genomen.'

Als het in de kamer stil was geweest na de woorden van Nick, was het nu doodstil. Dat duurde een paar lange seconden.

'Wat?' Het was Martin die het eerst reageerde. 'Waarom?'

'Dat is niet helemaal duidelijk,' verklaarde Catherine. 'Tenminste niet op basis van wat hij mij verteld heeft. Hij is kennelijk terug naar AddSoft om daar weer regionaal directeur te worden.' Catherine aarzelde voor ze verder ging. Ze vroeg zich af of ze het niet beter voor zich kon houden en besloot dat dat niet juist zou zijn. 'Hij vertelde ook dat hij gewoon geen tijd meer wilde verspillen aan bijeenkomsten buiten de deur om daar de persoonlijke problemen van mensen te bespreken.'

Een geladen moment. Catherine wachtte af. Mickey nam als eerste het woord. 'Is er hier iemand die vindt dat dat teambuilding-gedoe te ver is gegaan? Maken we de zaken daardoor beter of slechter?'

Zelfs Carlos trok zijn wenkbrauwen op, alsof hij het grappig vond wat Mickey zei. Het momentum leek nu tastbaar aanwezig, maar Catherine had het gevoel dat het haar ontsnapte.

Na de langste drie seconden in Catherines korte loopbaan bij DecisionTech nam Martin het woord. 'Ik denk niet dat het voor iemand hier een geheim is dat ik een vreselijke hekel heb aan dat team-gedoe. Ik bedoel, voor mij is het net alsof er iemand met zijn nagel over een schoolbord gaat.'

Dat was niet precies wat Catherine nodig had.

Martin vervolgde met: 'Dat is echt de grootste onzin die ik ooit van JR gehoord heb. Ik denk dat hij gewoon bang was toe te geven dat hij niet wist hoe hij onze spullen moest verkopen.'

Jeff was het met hem eens. 'Tegen mij heeft hij een paar maanden geleden, toen we op het vliegveld een biertje zaten te drinken, toegegeven dat het hem nog nooit overkomen was dat hij iets moest verkopen op een markt die nog niet eens bestond. En dat hij liever een merk achter zich had staan. Hij vertelde ook dat hij nog nooit in zijn leven mislukt was en dat hij dat ook hier niet zou laten gebeuren.'

Jane kwam met een aanvulling. 'En hij had er een verschrikkelijke hekel aan wanneer iemand hem vroeg naar de verkoop. Dan had hij het gevoel dat we het op hem voorzien hadden.'

Vervolgens bracht Mickey naar voren: 'De meeste deals die we hebben gesloten, kwamen trouwens voor rekening van Martin en Jeff. Ik denk dat hij gewoon niet wist hoe hij...'

Catherine stond op het punt tussenbeide te komen, toen Nick zei: 'Luister, ik weet wel dat ik de laatste ben om dit te zeggen aangezien ik achter de schermen zijn grootste criticus was, maar laten we hier maar mee stoppen. Hij is weg en we moeten uitzoeken hoe we verder moeten.'

Carlos kwam met een aanbod. 'Ik zal verkoop overnemen tot we iemand anders hebben.'

Jane kende Carlos goed genoeg om hem ook waar anderen bij waren de waarheid te durven zeggen. 'We waarderen je aanbod zeer, maar ik denk dat twee anderen meer tijd hebben en ook meer ervaring hebben met de verkoop.' Ze keek naar Jeff die naast Nick zat. 'Eén van jullie beiden.'

Jeff reageerde onmiddellijk. 'Begrijp me niet verkeerd. Ik zal alles doen wat je me vraagt, maar ik heb nog nooit een verkooporganisatie gerund of een quotum moeten halen. Ik sluit graag een deal met investeerders en zelfs met klanten, maar ik heb graag iemand bij me die weet wat hij doet.'

Mickey zei: 'Nick, jij bent bij je laatste werkgever verantwoordelijk geweest voor field operations. En daarvoor heb je al eens aan het hoofd gestaan van een verkoopteam.'

Nick knikte.

Martin voegde daaraan toe: 'Ik herinner me dat wij zaten te praten met Nick.' Martin verwees vaak naar mensen in de derde persoon alsof die niet in dezelfde ruimte aanwezig waren. Het was niet grof bedoeld, maar het klonk wel minder persoonlijk. 'Hij zei dat hij af wilde van het etiket een man van de werkvloer te zijn. Hij wilde een functie dichter bij het bedrijf, bij de centrale leiding.'

Nick knikte weer. Hij was ervan onder de indruk dat Martin zich alles nog herinnerde. 'Dat klopt. Bij verkoop en operations kreeg ik het gevoel vast te zitten.'

Niemand zei iets. Nick vervolgde met: 'Maar ik was wel verdomd goed in de verkoop en ik heb ervan genoten.'

Catherine weerstond de verleiding om voor Nick te pleiten, maar Jeff deed dat niet. 'Jij hebt al een goede relatie met de afdeling verkoop. En je moet toegeven dat het je frustreert dat we niet in staat zijn meer deals af te sluiten.'

Carlos schertste: 'Vooruit Nick, als jij het niet doet, zullen ze mijn aanbod nog aannemen.'

Catherine haalde haar schouders op tegenover Nick om aan te geven dat Carlos gelijk had.

'In dat geval zou het slordig van me zijn om nee te zeggen.'

Iedereen lachte. Op dat moment ging plotseling het brandalarm af.

Jane greep naar haar voorhoofd. 'O, dat vergat ik bijna. Er is vandaag een brandweeroefening. De brandweer van Half Moon Bay heeft gezegd dat we dat twee keer per jaar moeten gaan doen.'

Iedereen pakte zonder zich te haasten zijn spullen bij elkaar.

Martin had nog wat humor in petto. 'Goddank, ik verwachtte elk moment een groepsknuffel.'

LEKKEN

Een paar dagen later kreeg Catherine problemen met haar laptop. Ze nam contact op met de IT-afdeling om te zien of iemand daar haar kon helpen. De afdeling bestond uit maar vier mensen en stond onder leiding van iemand die Brendan heette. Hij rapporteerde direct aan Jane. Vanwege de beperkte omvang van de afdeling was het niet ongebruikelijk dat Brendan sommige telefoontjes zelf afhandelde. Zeker als er een manager belde en helemaal als dat de ceo was.

Brendan kwam direct en wist al snel wat er aan de hand was. Toen hij Catherine vertelde dat hij de computer moest meenemen voor een reparatie, stemde zij daarin toe. Ze maakte wel duidelijk dat ze hem voor het eind van de week terug moest hebben.

'O, dat is in orde. Het volgende uitstapje komt eraan.'

Het verbaasde Catherine niet dat Brendan op de hoogte was. Eigenlijk was ze blij dat de werknemers wisten hoe het team zijn tijd doorbracht als ze niet op kantoor waren. Zijn volgende uitlating wekte echter haar bezorgdheid.

'Tijdens die bijeenkomsten zou ik wel onzichtbaar aanwezig willen zijn.'

Catherine kon niet nalaten hem te vragen: 'O ja? Hoezo?'

Brendan, wiens technische kwaliteiten omgekeerd evenredig waren aan zijn sociale intelligentie, antwoordde zonder aarzelen. 'Nou, je mag best weten dat de mensen hier er veel voor over zouden hebben om te kunnen zien hoe Mickey zich zou verantwoorden.'

Catherine kon niet ontkennen dat ze wel blij was dat anderen in de organisatie Mickeys gedragsproblemen erkenden. Toch was ze door Brendans opmerking vooral teleurgesteld. Ze vroeg zich af hoeveel andere werknemers binnen het bedrijf op de hoogte waren van wat er gebeurde als ze elders verbleven.

'Ik weet niet of ik onze activiteiten daar op die manier zou omschrijven.'

Catherine wist wel dat Brendan geen schuld had aan dit soort dingen en ze veranderde van onderwerp. 'Hoe dan ook, bedankt dat je naar mijn computer wil kijken.'

Brendan vertrok en Catherine vroeg zich af hoe ze de situatie met Jane en de rest van het team moest aanpakken.

NAPA REVISITED

De week daarop vond de volgende sessie plaats in Napa Valley.

Catherine opende de bijeenkomst met haar gebruikelijke uiteenzetting. 'Wij beschikken over meer geld, betere technologie, meer getalenteerde en ervaren managers, en toch liggen we achter bij onze concurrenten. We moeten goed beseffen dat we hier zijn omdat we effectiever moeten worden als team.'

Catherine stelde vervolgens een netelige kwestie aan de orde, maar ze deed dat zo dat er zo min mogelijk dreiging van uitging. 'Ik heb een korte vraag voor iedereen. Als je met je mensen gepraat hebt over ons eerste verblijf hier, wat heb je dan verteld?'

Catherine slaagde er niet helemaal in om een sfeer te vermijden alsof ze het team aan een ondervraging onderwierp. 'Ik vraag dit niet om iemand te bekritiseren. Ik denk dat het beter is als er duidelijkheid is over ons gedrag als team.'

Jeff reageerde als eerste. 'Ik heb mijn mensen niets verteld, helemaal niets.'

Iedereen lachte. Jeff had helemaal geen ondergeschikten meer.

Toen kwam Mickey. 'Ik heb maar gezegd dat we een heleboel softe oefeningen hebben gedaan.' Ze probeerde grappig te zijn, maar iedereen wist dat er waarheid stak in wat ze zei. Niemand lachte.

Plotseling ging Martin in het defensief. 'Catherine, als je problemen hebt met iets wat we gedaan hebben, moet je het maar gewoon zeggen. Ik geef meteen toe dat ik enkele tamelijk openhartige gesprekken met mijn technici heb gehad. Die willen weten of we onze tijd daar niet verdoen en ik vind dat ze recht hebben op een verklaring. Als dat betekent dat ik de vertrouwelijkheid heb geschonden, spijt me dat.'

Iedereen was nogal verbaasd over deze ongewoon scherpe kritiek. Doorgaans was Martin niet zo lang van stof en ook niet zo emotioneel.

Catherine moest bijna lachen. 'Nou nou. Ik ben helemaal niet boos op iemand. En ik beweer helemaal niet dat we tegenover onze teams onze mond hadden moeten houden. Ik had de laatste keer gewoon duidelijker moeten zijn over onze behoefte om erover te praten.'

Martin leek opgelucht en ook ietwat gegeneerd.

Vervolgens nam Jane het woord. 'Ik heb mijn team waarschijnlijk meer verteld dan wie ook. Ik denk dat een van hen jou iets verteld heeft.'

Catherine had het gevoel dat Jane haar had betrapt. 'Het is inderdaad een van jouw mensen die me ertoe bracht deze vraag te stellen.'

Het leek Mickey plezier te doen dat Jane nu alleen stond.

Catherine vervolgde: 'Het gaat hier niet speciaal om jou of om iemand anders. Ik probeer alleen maar te begrijpen hoe het eraan toegaat in termen van vertrouwelijkheid en loyaliteit.'

'Wat bedoel je met loyaliteit?' wilde Nick weten.

'Ik bedoel, wat is voor jullie het belangrijkste team?'

De verwarring verbaasde Catherine niet. Ze legde uit: 'Dit is geen preek over het voor je houden van vertrouwelijke informatie. Dat is in ieder geval niet het belangrijkste wat ik probeer te zeggen. Het is iets wat verder gaat.'

Catherine begon gefrustreerd te raken over haar onvermogen om het probleem duidelijk te stellen. Ze nam haar toevlucht tot botheid. 'Wat ik wil weten, is of dit team net zo belangrijk voor je is als het team waaraan je leiding geeft, je eigen afdeling.'

Opeens leek iedereen het te begrijpen. Niemand leek zich op zijn gemak te voelen met het echte antwoord in zijn hoofd.

Jane vroeg: 'De vraag is dus of we vertrouwen hebben in onze ondergeschikten als het gaat om dingen die we voor ons zouden moeten houden?'

Catherine knikte.

Mickey reageerde als eerste. 'Ik sta veel dichter bij mijn personeel dan bij deze groep hier. Het spijt me, maar zo is het.'

Nick knikte. 'Waarschijnlijk geldt dat ook voor mij, met uitzondering van de verkoopafdeling die ik net heb overgenomen.' Hij dacht even na. 'Maar ik denk dat ik binnen een paar weken dichter bij hen zal staan dan bij dit team.'

Hoewel de opmerking van Nick bedoeld was als een grap en in de groep ook gelach teweegbracht, leek de treurige waarheid ervan zich aan iedereen mee te delen.

Jane nam het woord weer. 'Ik denk dat voor ons allemaal geldt dat we onze teams belangrijker vinden dan dit team.' Ze aarzelde even voor ze haar gedachten afmaakte. 'Maar voor niemand geldt dat meer dan voor mij.'

Door haar opmerkingen richtten alle aanwezigen zich op haar.

'Zou je dat willen uitleggen?' vroeg Catherine vriendelijk.

'Zoals iedereen wel weet, sta ik tamelijk dicht bij mijn mensen. Van mijn acht ondergeschikten hebben er vijf al voor me gewerkt bij andere bedrijven en ik ben een soort ouderfiguur voor hen.'

Carlos grapte: 'Ze is een kloek.'

Iedereen lachte.

Jane glimlachte en knikte. 'Ja, dat is waar. Niet dat ik met mijn gevoelens te koop loop, maar ze weten gewoon dat ik bijna alles voor hen zou doen.'

Catherine knikte alsof ze het begon te begrijpen.

Martin verdedigde Jane. 'Dat is niet verkeerd. Mijn technici weten dat ik hen bescherm tegen afleiding en obstakels, en daarom doen zij weer hun uiterste best voor mij.'

Waaraan Jane toevoegde: 'En ze lopen niet weg als het lastig wordt. Mijn mensen zijn buitengewoon loyaal.'

Catherine zat te luisteren. Nick voelde dat ze met een tegenzet zou komen en vroeg: 'Bedoel je, Catherine, dat dit een probleem is? Ik zou denken dat je wil dat we goede managers zijn.'

'Natuurlijk wil ik dat ook.' Catherine stelde iedereen gerust. 'Ik vind het prettig te horen hoe sterk jullie verbonden zijn met je personeel. En het sluit nauwkeurig aan bij dat wat ik gehoord heb tijdens mijn eerste gesprekken.'

Iedereen wachtte af alsof men wilde zeggen: *Maar wat is dan het probleem?*

Catherine vervolgde: 'Als een bedrijf goede managers heeft die niet optreden als een team kan er zowel voor henzelf als voor het bedrijf een dilemma ontstaan. Want er ontstaat verwarring over wie hun belangrijkste team is.'

Jeff had behoefte aan verheldering. 'Belangrijkste team?'

'Ja, het belangrijkste team. Dit heeft allemaal te maken met de laatste frustratie – het plaatsen van teamresultaten boven individuele problemen. Dit team moet je eerste team zijn.' Ze keek om zich heen om duidelijk te maken dat ze het over haar managers had.

'Hoe sterk de band ook is die we hebben met onze eigen mensen en hoe prachtig dat ook voor hen is, het mag gewoonweg niet ten koste gaan van de loyaliteit en de betrokkenheid met de mensen waarmee we hier vandaag aan tafel zitten.'

Het team dacht na over haar opmerkingen en over de moeilijkheden die daarmee gepaard gingen.

Jane was de eerste die iets zei. 'Dat is lastig, Catherine. Ik bedoel, het is gemakkelijk voor me om hier te zitten en het met je eens te zijn. Ik kan je nu wel verzekeren dat dit mijn belangrijkste team zal zijn, maar ik zie gewoon niet in hoe ik afstand kan doen van wat ik door hard werken op mijn afdeling heb opgebouwd.'

Carlos deed een poging een bevredigende tussenweg te vinden. 'Ik denk niet dat je dat hoeft op te geven.' Hij keek naar Catherine in de hoop op haar bevestiging.

Die keek snel om zich heen, alsof ze bang was dat ze op haar strepen moest gaan staan. 'Maar dat hoef je ook niet stuk te maken. Je moet alleen bereid zijn dat op het tweede plan te zetten. Dat zou je inderdaad best het gevoel kunnen geven dat je hen in de steek laat.'

Ietwat ontmoedigd dacht de groep na over deze lastige stelling.

Jeff probeerde iedereen wat op te beuren. ‘Bedenk eens hoe rot dit voor mij is geweest. Jullie waren mijn belangrijkste team. Ik kon bij niemand mijn beklag doen.’ Iedereen lachte, zelfs Mickey. Hoe grappig Jeff ook was, men zag wel dat er een kern van waarheid stak in wat hij zei, en ze vonden het vervelend voor hem.

Catherine wilde nu iets duidelijk maken. ‘Ik weet niet hoe ik dit anders moet zeggen, maar teambuilding is heel erg lastig.’

Niemand reageerde. Catherine zag de twijfel op de gezichten om haar heen, maar ze liet zich er niet door van haar stuk brengen. Het ging er niet langer om of het bouwen van een team belangrijk was; de vraag was nu of zij daartoe in staat waren. Voor Catherine was dat de belangrijkste vraag.

DIEPER GRAVEN

Catherine zette door. 'Luister, we kunnen dit nu hier niet oplossen. Het is een proces en een paar minuten navelstaren is genoeg. Anders lopen we vast. Laten we vasthouden aan het plan een team te vormen. Het vooruitzicht hiermee te beginnen is dan misschien niet meer zo ontmoedigend.'

De groep leek bereid de schrik van zich af te werpen. Vandaar dat Catherine probeerde met een eenvoudige vraag de gang er weer in te krijgen. 'Hoe zullen we het aanpakken?'

Jeff nam het woord. 'Ik denk dat we niet kunnen ontkennen wat er sinds ons vorige verblijf hier is gebeurd. Ik bedoel, als je mij zou hebben gezegd dat JR ontslag zou nemen en dat Nick zijn functie zou overnemen, zou ik je ervan verdacht hebben alles van tevoren te hebben opgezet.'

Nick was het met hem eens. 'Ik had niet gedacht dat ik een baan als deze zou hebben en ik heb zeker niet verwacht dat ik het leuk zou vinden. Maar misschien hebben we het wel goed getroffen. Toch zal het nog veel moeite kosten onze streefcijfers te halen.'

Catherine keerde terug naar het onderwerp. 'Maar hoe functioneren we als team?'

Jane gaf antwoord. 'Ik denk dat we het goed doen. Het lijkt erop dat we in de goede richting gaan en er zijn beslist meer productieve conflicten.'

De groep lachte.

'Ik weet het niet, ik begin te twijfelen.' Catherine was er de persoon niet naar om zich te laten verrassen door een dergelijke opmerking, maar nu kwam die van Carlos.

'Hoezo?' vroeg ze.

Carlos fronste. 'Ik weet het niet. Ik houd het gevoel dat het nog altijd niet over de echte problemen gaat. Misschien word ik wel ongeduldig.'

'Aan welke problemen denk je?' Jane vroeg het zich hardop af.

'Nou, ik wil niet voor onrust zorgen...'

Catherine interrumpeerde. 'Doe maar wel.'

Carlos glimlachte. 'Nou, het is het voor mij de vraag of we onze faciliteiten wel op de goede manier verdelen.'

Martin had de indruk dat hij het doelwit was van de opmerking van Carlos. Hij had gelijk. 'Wat bedoel je met faciliteiten?'

Carlos stotterde. 'Ik weet het niet. Ik denk dat we een tamelijk grote technische afdeling hebben. Volgens mij beslaat die bijna een derde van het hele bedrijf. Afdelingen als verkoop, marketing en consulting zouden meer faciliteiten misschien goed kunnen gebruiken.'

Martin kon op zulke beweringen niet ingaan zonder emotioneel te worden. Hij gaf de voorkeur aan wat hij noemde een 'sarcratische benadering' – een sarcastische versie van de socratische methode. Hij wilde net een slimme opmerking maken over wat Carlos had gezegd, toen Mickey naar voren bracht: 'Ik ben het met Carlos eens. Ik weet eerlijk gezegd niet eens wat de helft van onze technici uitvoert. En ik begin te kwijlen als ik denk aan het reserveren van geld voor de verbetering van marketing en reclame.'

Martin zuchtte hoorbaar alsof hij wilde zeggen: Daar gaan we weer. Zijn afkeer ontging niemand.

Catherine zette de toon voor wat er zou volgen. 'Oké, laten we hierop doorgaan. En laten we niet doen alsof we iets verkeerds aan het doen zijn. We zijn het verplicht aan onze aandeelhouders en werknemers om uit te zoeken wat de beste manier is om ons geld te besteden. Dit is geen godsdienstoorlog, het gaat over strategie.'

Na eerst de spanning weer wat te hebben getemperd, stookte Catherine vervolgens het vuurtje weer op. Ze richtte zich tot Martin. 'Martin, ik denk dat jij er genoeg van hebt om van mensen vragen te krijgen over onze investeringen in techniek.'

De reactie van Martin was kalm maar intens. 'Daar heb je helemaal gelijk in. Mensen begrijpen kennelijk niet dat we niet in techniek investeren – het gaat om technologie. Wij leveren een product. We geven echt geen geld uit aan golftrips voor de technici.'

'Kom op, Martin,' riep Nick. 'Technici spelen geen golf.' Nadat deze opmerking even voor opluchting had gezorgd, hervatte het nieuwe hoofd van de afdeling verkoop de discussie. 'We beweren niet dat je je verantwoordelijkheid ontloopt. Het gaat erom dat je vooringenomen zou kunnen zijn.'

Martin was niet bereid toe te geven. 'Vooringenomen? Luister eens, ik heb net zoveel verkoopgesprekken gevoerd als een ander. Ik praat met analisten...'

Nu kwam Jane tussenbeide. 'Wacht eens even, Martin. Je betrokkenheid bij het bedrijf staat niet ter discussie. Het gaat erom dat jij veel meer van techniek weet dan wie ook, en misschien zorgt dat ervoor dat je in het product wilt investeren.' Jane kwam tot de kern van de zaak: 'Waarom ga je meteen in de verdediging als iemand iets zegt over de techniek?'

Het was alsof Jane Martin een koude douche bezorgde en ook de anderen daarvan een paar druppels meekregen.

Mickey kwam nog met een toevoeging. Ze klonk vriendelijker dan gebruikelijk. 'Ze heeft gelijk. Je reageert alsof we je intelligentie ter discussie stellen.'

Op kalmere toon vervolgde Martin: 'Doe je dat dan niet? Volgens jou overschat ik de omvang van de faciliteiten die nodig zijn om ons product te maken en te blijven maken.'

Jane bracht haar uitleg met meer tact naar voren dan Mickey had kunnen doen. 'Nee, het gaat om meer, Martin. De vraag is hoe goed onze producten moeten zijn om succesvol te zijn. Het gaat erom hoeveel energie we moeten steken in toekomstige technologie. Dat zou namelijk ten koste kunnen gaan van de afzet van onze huidige technologie.'

Catherine liet haar begeleidende rol even varen en voegde iets toe aan wat Jane had gezegd. 'Dat kun je onmogelijk in je eentje uitzoeken. Ik denk dat niemand hier slim genoeg is en over voldoende brede en specialistische kennis beschikt om het goede antwoord te kunnen geven zonder de anderen erbij te betrekken en te profiteren van hun kijk op de zaak.'

Ironisch genoeg leek Martin zich meer op te winden naarmate de verklaringen redelijker werden. Het was alsof hij de onzekere uitlatingen van Mickey gemakkelijk kon pareren, maar niet opgewassen was tegen de evenwichtigheid en de logica van Jane of Catherine.

'Luister nu eens even, na alle tijd die we gestoken hebben in dit product, wil ik van niemand horen dat onze ondergang te wijten is aan slechte technologie.' Voordat iemand de kans kreeg om hem duidelijk te maken dat dit een overduidelijke demonstratie van de vijfde frustratie was, nam Martin het woord. 'Ik weet ook wel dat het lijkt alsof ik meer geïnteresseerd ben in het vermijden van persoonlijke schuld dan dat ik het bedrijf help te slagen, maar...' Hij leek zijn gedrag niet goed te kunnen verklaren.

Jane redde hem uit het lastige parket. 'Waarom denken jullie dat ik zo krampachtig over geld doe?' Het was een retorische vraag en ze gaf zelf het antwoord. 'Het laatste wat ik wil is in de *Wall Street Journal* lezen dat we ons geld slecht besteed hebben en het bedrijf moeten sluiten. Carlos wil niet dat we dankzij klantenondersteuning mislukken en Mickey wil niet dat we mislukken omdat we er niet in slagen een merk op te bouwen.'

Zelfs bij deze evenwichtige verdeling van de schuld, leek Mickey haar aandeel nog niet te kunnen accepteren. Ze keek Jane aan alsof ze wilde zeggen: Daar maak ik me geen zorgen over.

Jane negeerde haar en richtte zich tot de rest van de groep. 'Het lijkt wel alsof we op de Titanic zitten en graaien naar de reddingsgordels.'

'Ik denk niet dat de situatie zo wanhopig is,' wierp Nick tegen.

Catherine kwam met een aanpassing van het beeld dat haar cfo had gebruikt. 'Maar we staan er wel allemaal zo dicht mogelijk bij, voor het geval dat.'

Nick knikte alsof hij wilde zeggen: Oké, daar heb je gelijk in. Catherine bracht de discussie weer terug bij het onderwerp en vroeg aan Martin: 'Waar waren we gebleven?'

Martin haalde diep adem, schudde zijn hoofd alsof hij het met alles wat er gezegd was oneens was, en verraste toen iedereen. 'Oké, laten we eens kijken hoe het zit.'

Hij liep naar het bord en schetste zijn hele afdeling, legde uit waar iedereen mee bezig was en hoe het allemaal bij elkaar paste. Zijn collega's waren oprecht verbaasd, zowel over de activiteiten van de afdeling technologie als over de onderlinge samenhang van die activiteiten.

Toen Martin klaar was, gaf Catherine de hele groep twee uur de tijd om de voor- en nadelen te bespreken van het al dan niet reduceren van de faciliteiten voor de afdeling technologie en van de eventuele inzet van middelen op andere terreinen. De discussies waren soms heftig, men veranderde van gedachte, kwam terug op eerdere ingenomen standpunten. Uiteindelijk besloot men dat het goede antwoord niet zo voor de hand liggend was.

Misschien was het belangrijkste van alles dat alle teamleden, inclusief Catherine, wel een keer met de stift naar het bord liepen om iets uit te leggen. Als er iemand gaapte, kwam dat niet door verveling maar door vermoeidheid.

Ten slotte kwam Jeff met een oplossing. Hij stelde voor een van de geplande productielijnen helemaal te schrappen en met een andere minstens zes maanden te wachten. Daarop suggereerde Nick de technici van die projecten elders in te zetten en hen te scholen zodat ze de verkopers konden assisteren bij productdemonstraties.

Binnen een paar minuten bereikte de groep overeenstemming over een strak tijdschema voor het implementeren van de veranderingen. Iedereen keek verbaasd naar de complexe maar werkbare situatie op het bord voor hen.

Catherine stelde voor om te gaan lunchen en zei: 'Als we terugkomen, zullen we het hebben over het omgaan met problemen in de relationele sfeer en over het elkaar aanspreken op onze verantwoordelijkheden.'

'Was het maar vast zover!' De opmerking van Martin was niet bedoeld om het proces te veroordelen en er was ook niemand die het zo opvatte.

VERANTWOORDELIJKHEID

Catherine was vastbesloten na de lunch het momentum van die ochtend vast te houden. Ze had geconcludeerd dat ze zich het best kon concentreren op echte problemen en niet op oefeningen.

Vandaar dat ze Nick vroeg het team te leiden bij de bespreking van de stand van zaken met betrekking tot hun doel om achttien deals te sluiten. Hij liep naar het bord en noteerde de vier kernactiviteiten. Tijdens hun vorige verblijf was de groep overeengekomen zich te concentreren op: productdemonstraties, concurrentieanalyse, verkooptraining en productbrochures. Nick liep de punten één voor één na.

'Oké, Martin, hoe staat het met je project, de productdemonstraties?'

'We liggen voor op schema. Het gaat iets gemakkelijker dan we hadden gedacht. Binnen een week of twee moeten we klaar kunnen zijn. Carlos heeft ons erg geholpen.'

Nick hield er niet van tijd te verspillen. 'Fantastisch. Hoe staat het met de concurrentieanalyse? Carlos?'

Carlos doorzocht een stapel papieren die voor hem op tafel lag. 'Ik heb een samenvatting bij me van de laatste stand van zaken, maar die kan ik even niet vinden.' Hij stopte met zoeken. 'In ieder geval zijn we nog niet echt begonnen. Ik ben er nog niet in geslaagd iedereen bij elkaar te krijgen.'

'Waarom niet?' Nick was geduldiger dan Catherine had verwacht.

'Eerlijk gezegd, omdat veel van jullie mensen niet beschikbaar waren. En ik heb het druk gehad met het helpen van Martin met de demo.'

Stilte.

Nick besloot positief te zijn. 'Oké, waarom waren mijn mensen niet beschikbaar?'

Carlos wilde geen namen noemen. 'Ik klaag niet. Het is alleen dat...'

Nick onderbrak hem. 'Oké, Carlos. Zeg me dan wie meer zou moeten meewerken.'

'Jack is volgens mij de belangrijkste. En Ken. Ik weet trouwens niet zeker of...'

Nu kwam Catherine tussenbeide. 'Voor wie is dit een probleem?'

Nick reageerde als eerste. 'Ja, ik moet met mijn staf bespreken wat onze prioriteiten zijn om er zeker van te zijn dat ze daar achterstaan.'

Catherine stemde hiermee in, maar ze dacht aan iets anders. 'Hoe zit het nu met Carlos? Vind je niet dat hij naar jou had moeten komen om het probleem op te lossen? Geen van jullie heeft iets gezegd toen hij zei dat hij zelfs nog geen begin had gemaakt met de concurrentieanalyse.'

Opnieuw een ongemakkelijke stilte.

Carlos had voldoende zelfvertrouwen om niet overdreven te reageren op de vraag van zijn chef. Hij leek alles nog objectief te bekijken.

Martin wierp tussenbeide: 'Het is moeilijk kritiek te hebben op iemand die altijd wil helpen.'

Catherine knikte, maar voegde er op besliste toon aan toe: 'Daar heb je gelijk in, maar het is geen excuus. Feit is dat Carlos bij ons directeur is en hij moet zijn prioriteiten stellen overeenkomstig onze afspraken. Bovendien moet hij mensen in de organisatie op het matje roepen die niet reageren op zijn verzoeken.'

Omdat ze wel voelde dat Carlos gepikeerd begon te raken, richtte Catherine zich nu rechtstreeks tot hem. 'Ik gebruik jou als voorbeeld, Carlos. Dat komt nu zo uit. Maar dit zou over iedereen kunnen gaan. Sommige mensen kun je moeilijk verantwoordelijk stellen omdat ze zo behulpzaam zijn. Anderen omdat ze in de verdediging gaan. Weer anderen omdat ze intimiderend zijn. Ik denk dat het sowieso niet gemakkelijk is om iemand verantwoordelijk te stellen, zelfs je eigen kinderen niet.'

Sommige teamleden knikten instemmend. Catherine ging verder. 'Ik wil dat jullie elkaar daarop aanspreken, op wat je aan het doen bent, hoe je omgaat met je tijd, en of je voldoende vooruitgang boekt.'

Mickey wierp tegen: 'Dat lijkt wel een gebrek aan vertrouwen.'

Catherine schudde haar hoofd. 'Nee, vertrouwen is niet hetzelfde als je ervan vergewissen dat iedereen gelijke tred houdt en dat niemand een aansporing nodig heeft. Als er vertrouwen is, weet je dat als een teamlid je ergens op aanspreekt, hij of zij dat doet vanwege het teambelang.'

Nick zorgde voor een verduidelijking. 'We moeten ons met elkaar bemoeien zonder elkaar op stang te jagen.'

Omdat zijn uitspraak als een vraag klonk, kwam Catherine met een antwoord. 'Absoluut. Doe het met respect en ga ervan uit dat de ander het waarschijnlijk goed doet. Maar doe het. En houd je nooit in.'

Het team leek dit goed op te nemen en Catherine gaf het even de ruimte. Toen vroeg ze Nick om door te gaan.

'Oké, we zijn bij punt drie, het verkooptrainingsprogramma. Ik leid dat zelf en we liggen op schema. Ik heb een tweedaags trainingsprogramma voor onze verkopers ingeroosterd en ik denk dat we daar allemaal naartoe zouden moeten gaan.'

Mickey bleek niet overtuigd. 'Hoezo?'

'Omdat we onszelf allemaal moeten zien als verkopers. Zeker als het afsluiten van die achttien deals echt onze belangrijkste prioriteit is.'

Catherine liet er geen twijfel over bestaan dat dat het geval was.

Nick ging verder. 'We zullen er allemaal mee te maken hebben en we moeten weten hoe we onze vertegenwoordigers kunnen helpen.' Nick gaf iedereen de data van de training en men noteerde die in de agenda's.

Mickey leek nog steeds geïrriteerd.

'Zit je ergens mee, Mickey?' De vraag kwam van Nick.

'Nee hoor, ga maar verder.'

Daar ging Nick niet mee akkoord. Zonder blijk te geven van enige frustratie drong hij aan. 'Nee, als je denkt dat je een goede reden hebt om niet naar de verkooptraining te komen, hoor ik dat graag van je.' Hij gaf haar even gelegenheid te reageren, maar toen ze niets zei, ging hij verder. 'Eerlijk gezegd kan ik me niet voorstellen dat er iets belangrijker is.'

Ten slotte kwam Mickey toch met een sarcastische reactie. 'Goed dan, maar dan verwacht ik ook dat iedereen volgende week onze productmarketingbijeenkomst bezoekt.'

Nick hield zich in. 'Echt waar? Maar als jij denkt dat we daar allemaal moeten zijn en als het zinvol is, dan zullen we er ook zijn.'

Mickey dacht geen seconde na over zijn aanbod. 'Vergeet het maar. Ik kom wel naar de verkooptraining. Ik heb alleen Martin nodig bij de productmarketingbijeenkomst.'

Op dat moment werd het Catherine duidelijk dat Mickey zou moeten vertrekken. Helaas zorgden de volgende vijf minuten ervoor dat dat moeilijker werd dan haar lief was.

DE INDIVIDUELE BIJDRAGE

Nick ging naar het vierde onderdeel van de lijst. 'Oké, hoe staat het met de productbrochures?' Hij vroeg het aan Mickey.

'Die zijn klaar.' De poging van Mickey om niet zelfvoldaan over te komen, ontging niemand.

Nick was verrast. 'Echt waar?'

Aangezien zij wel voelde dat haar collega's het niet helemaal vertrouwden, haalde Mickey een stapel glossy bladen uit haar computertas en begon die uit te delen. 'Het is de bedoeling dat ze de volgende week naar de drukker gaan.'

Het was stil. Iedereen bekeek het design en las de tekst. Catherine zag dat bijna iedereen blij was met de kwaliteit van het materiaal.

Nick leek echter niet helemaal op zijn gemak. 'Zou je hierover niet nog met me overleggen? Sommige medewerkers van de afdeling verkoop zijn voor deze brochures klantenonderzoek aan het doen en ze zullen het niet leuk vinden als ze merken dat hun inbreng niet...'

Mickey viel hem in de rede. 'Mijn mensen weten wat ze doen. Beter dan wie ook in het bedrijf. Maar als je wilt dat iemand van jouw afdeling een bijdrage levert, dan is dat prima.' Ze geloofde duidelijk niet dat dat nodig zou zijn.

Nick wist niet goed of hij onder de indruk moest zijn van wat hij zag of beledigd door de manier waarop het werd gepresenteerd. 'Oké, ik zal je de namen geven van drie of vier mensen die dit zouden moeten zien voor we verder gaan.'

Iedere opgetogenheid over de vooruitgang die Mickey had geboekt, was teniet gedaan door de manier waarop ze had gereageerd op Nick.

Jeff probeerde iets aan de vervelende situatie te doen. 'Nou, in ieder geval hebben jij en je mensen dit fantastisch gedaan.'

Mickey genoot een beetje te veel van het compliment. 'Ik heb er ook hard aan gewerkt. Dit is wat ik het beste kan.'

Alle aanwezigen leken inwendig te morren over het gebrek aan nederigheid van hun collega.

In een zeldzaam moment van impulsiviteit, besloot Catherine niet langer te wachten. Nadat ze had aangekondigd dat er een lange pauze zou zijn tot het diner van zes uur, liet ze iedereen vertrekken. Behalve Mickey.

HET GESPREK

Zodra iedereen de ruimte verlaten had en de deur achter hen was dichtgegaan, had Catherine een gevoel van spijt. Ze zou graag een lange wandeling gaan maken. Hoe kom ik hier uit? vroeg ze zich af. Ze wist dat ze niet meer terug kon.

Mickey leek er geen idee van te hebben wat haar boven het hoofd hing. Catherine vroeg zich af of haar onwetendheid het nu gemakkelijker of moeilijker maakte. Ze zou er snel achterkomen.

'Dit wordt een lastig gesprek, Mickey.'

De directeur marketing gaf maar heel kort blijk van enig begrip. 'Is dat zo?'

Catherine haalde diep adem en ging meteen op haar doel af. 'Ik denk niet dat je in dit team past. En ik denk ook dat je liever ergens anders zou zijn. Begrijp je wat ik bedoel?'

Catherine had het niet verwacht, maar Mickey leek echt geschokt. Catherine nam het zichzelf kwalijk dat ze dit niet had zien aankomen.

Mickey kon het niet geloven. 'Ik? Je maakt een grapje. Van alle mensen in dit team denk jij dat juist ik...' Ze maakte haar zin niet af, maar staarde Catherine aan. 'Ik?'

Catherine voelde zich meer op haar gemak nu ze de kwestie te berde had gebracht. Ze had vaak genoeg in haar carrière te maken gehad met lastige medewerkers die net deden of hun neus bloedde. Tegenover hun geschoktheid had ze zich altijd goed weten staande te houden. Maar Mickey was slimmer dan de gemiddelde manager.

'Hoe kom je daarbij?' vroeg Mickey.

Rustig legde Catherine het haar uit. 'Mickey, je lijkt niet veel respect te hebben voor je collega's. Je kunt het niet opbrengen voor hen open te staan. Tijdens vergaderingen gaat er een buitengewone storende en demotiverende invloed van je uit. Ook op mij.' Ook al wist Catherine heel goed dat het waar was wat ze zei, ze was er zich plotseling van bewust hoe oppervlakkig haar beschuldigingen konden overkomen bij iemand die de situatie niet kende.

'Denk je dat ik mijn collega's niet respecteer? Het probleem is dat zij mij niet respecteren.' Terwijl ze dit zei, leek Mickey zich de ernst van haar eigen beschuldiging te realiseren. Ietwat geschrokken, voegde ze eraan toe: 'Zij waarderen mijn expertise en mijn ervaring niet. En ze hebben er bovendien geen flauw idee van hoe ze software moeten verkopen.'

Catherine luisterde in stilte. Met ieder woord dat Mickey sprak, groeide bij haar het vertrouwen in de juistheid van haar beslissing.

Toen ze dit merkte, ging Mickey in de tegenaanval. Ze deed het kalm, maar met onmiskenbaar venijn. 'Catherine, hoe denk je dat het bestuur zal reageren als ik vertrek uit dit team? Binnen een maand ben je de hoofden van de afdelingen verkoop en marketing kwijt. Als ik jou was, zou ik me zorgen maken over mijn baan.'

'Dank je voor je bezorgdheid, Mickey.' De reactie van Catherine had een licht sarcastische ondertoon. 'Het is niet mijn taak om aanvaringen met het bestuur te vermijden. Het is mijn taak om een managementteam op poten te zetten dat zorgt dat dit bedrijf naar behoren functioneert.' Haar toon werd iets zachter. 'En ik geloof niet dat jij daar graag deel van uitmaakt.'

Mickey haalde diep adem. 'Denk je echt dat het goed zal zijn voor het bedrijf als je mij uit dit team zet?'

Catherine knikte. 'Ja, dat denk ik. En eerlijk gezegd, geloof ik dat het voor jou ook beter zal zijn.'

'Hoe kom je daarbij?'

Catherine besloot haar zo vriendelijk mogelijk de waarheid te zeggen. 'Misschien vind je een bedrijf waar je vaardigheden en je stijl meer worden gewaardeerd.' Catherine wilde haar volgende zin inhouden, maar ze realiseerde zich dat dat niet in het belang van

Mickey zou zijn. 'Maar ik denk ook dat dat niet gemakkelijk zal zijn als je jezelf niet eens goed onder de loep neemt.'

'Wat bedoel je daarmee?'

'Ik bedoel dat je iets bitters hebt, Mickey. Misschien is dat iets wat bij DecisionTech hoort...'

Mickey reageerde al voordat Catherine verder kon gaan. 'Dat hoort zeker bij DecisionTech. Dit soort problemen is nieuw voor me.'

Catherine was ervan overtuigd dat dit niet waar was, maar ze besloot geen zout op de wonden te strooien. 'Dan zul je ergens anders zeker gelukkiger zijn.'

Mickey staarde naar de tafel voor haar. Catherine wist dat de situatie tot haar zou doordringen en dat Mickey die zelfs zou accepteren. Ze had het bij het verkeerde eind.

DE LAATSTE STELLING

Mickey verzocht Catherine haar even te verontschuldigen. Ze wilde haar gedachten op een rijtje zetten. Toen ze een paar minuten later terugkwam, leek ze emotioneler en vastbeslotener dan ooit.

'Oké, om te beginnen, ik neem geen ontslag. Je zult me moeten ontslaan. Mijn echtgenoot is advocaat dus ik denk niet dat een rechtszaak gemakkelijk voor je zal worden.'

Catherine verroerde geen vin. Zij reageerde volkomen oprecht en met sympathie. 'Ik ontsla je niet. En je hoeft ook niet weg.'

Dit leek Mickey te verwarren.

Catherine legde het uit. 'Maar je gedrag zal grondig moeten veranderen. En snel ook.' Catherine pauzeerde zodat Mickey tijd had om na te denken voor ze wat zei. 'Eerlijk gezegd ben ik er niet zeker van dat je daartoe bereid bent.'

Het gezicht van Mickey sprak boekdelen. Daartoe was ze beslist niet bereid. Niettemin verdedigde ze zich. 'Ik geloof niet dat mijn gedrag hier het probleem is.' Catherine reageerde met: 'Het is zeker niet het enige probleem, maar het is wel heel reëel. Je doet niet mee in trainingen buiten je eigen werkveld. Je accepteert geen kritiek van collega's en je verontschuldigt je ook niet als je over de schreef gaat.'

'Wanneer ben ik over de schreef gegaan?' Mickey wilde het graag weten.

Catherine kon niet uitmaken of Mickey zich van de domme hield of dat ze werkelijk zo weinig sociale intelligentie bezat. Hoe dan ook, ze moest het haar op een rustige manier duidelijk zien te maken. 'Ik weet niet goed hoe ik moet beginnen. Je rolt voortdurend met je ogen. Je maakt grove en respectloze opmerkingen. Tegen Martin zei je bijvoorbeeld dat hij een klootzak is. Je hebt geen belangstelling voor het meedoen aan een verkooptraining hoewel dat onze topprioriteit is. Ik zou zeggen dat je op al deze punten nogal over de schreef gaat.'

Mickey was sprakeloos. Geconfronteerd met deze harde feiten leek ze opeens te beseffen hoe problematisch haar situatie was. Toch had ze nog wat munitie over. Ze kon nog niet toegeven dat ze verslagen was. 'Luister eens, ik heb er meer dan genoeg van dat mensen over me klagen. En ik ga zeker niet veranderen om bij deze slecht functionerende groep mensen te passen. Ik ga je echt geen plezier doen: ik vertrek niet. Dit is een principekwestie.'

Catherine bleef vol vertrouwen. 'Over welk principe heb je het?'

Mickey slaagde er niet in duidelijk antwoord te geven. Ze keek Catherine koel aan en schudde haar hoofd.

Er ging bijna een minuut voorbij. Catherine weerstond de verleiding om de stilte te doorbreken. Zij wilde dat de situatie goed tot Mickey doordrong en dat ze de leegheid van haar argumenten inzag. Ten slotte zei Mickey: 'Ik wil drie maanden salaris hebben, mijn aandelenopties moeten worden verzilverd en ik wil zwart op wit dat ik op eigen initiatief ontslag heb genomen.'

Catherine was zo opgelucht dat ze Mickey wel alles wilde geven. Ze was echter wel zo verstandig dat niet direct te zeggen. 'Ik weet niet of dat allemaal mogelijk is, maar ik zal zien wat ik kan doen.' Er hing een vervelende stilte. 'Wil je dat ik nu meteen wegga? Ik bedoel, moet ik niet blijven voor het diner?'

Catherine knikte. 'Je kunt volgende week je spullen op kantoor komen halen. Dan kun je ook bij personeelszaken langs gaan om de procedure te bespreken, als ik tenminste aan je wensen kan voldoen.'

'Denk je niet dat iedereen kwaad zal zijn?' Mickey had duidelijk de behoefte Catherine te straffen. 'Ik bedoel, er is niemand meer voor verkoop of marketing. Het zou me bovendien niet verbazen als sommige personeelsleden nu ook zouden vertrekken.'

Catherine had een dergelijke situatie al vaak genoeg meegemaakt. Bovendien kende ze de mensen waar Mickey op doelde goed genoeg. Die waren zeker niet onkundig van de tekortkomingen van hun chef. Toch leek het haar het beste blijk te geven van haar betrokkenheid. 'Als dat gebeurde, zou ik het natuurlijk begrijpen, maar ik hoop dat het niet gebeurt.'

Mickey schudde haar hoofd weer, alsof ze op het punt stond een volgende tirade te beginnen. Opeens pakte ze echter haar computertas en vertrok ze.

SPERVUUR

Catherine benutte de rest van de pauze voor een lange wandeling door de wijngaarden. Toen ze zich weer in de vergaderzaal bevond, voelde ze zich opgefrist. Ze was echter totaal niet voorbereid op wat er zou gaan gebeuren.

Voordat Catherine het onderwerp ter sprake kon brengen, vroeg Nick al: 'Waar is Mickey?'

Catherine wilde een verklaring afleggen zonder blijk te geven van haar opluchting. 'Mickey komt niet meer terug. Ze gaat weg bij ons bedrijf.'

De reacties van de mensen aan tafel kwamen niet helemaal overeen met de verwachtingen van Catherine. Iedereen leek verrast.

'Wat is er gebeurd?' wilde Jane weten.

'Wat ik nu ga zeggen moet vertrouwelijk blijven vanwege juridische kwesties in verband met het vertrek van werknemers.' Iedereen knikte.

Catherine draaide er niet omheen. 'Mickey bleek niet bereid haar gedrag aan te passen. Dat was schadelijk voor het team. Daarom heb ik haar gevraagd weg te gaan bij ons bedrijf.'

Niemand zei iets. Men keek naar elkaar en naar de brochures die nog op tafel lagen.

Ten slotte nam Carlos het woord. 'Wel, ik weet niet wat ik moet zeggen. Hoe nam zij het op? Hoe gaan we verder met marketing?'

Nick had zijn eigen vragen. 'Wat zeggen we tegen het personeel? Tegen de media?'

Hoezeer Catherine ook verrast was door hun reactie, ze kwam snel met een antwoord. 'Ik kan niet veel zeggen over de reactie van Mickey. Ze was een beetje verrast, een beetje boos, maar dat is niet zo vreemd in dit soort situaties.'

Iedereen wachtte tot Catherine de andere vragen zou behandelen.

'Wat betreft de vraag over marketing, we gaan op zoek naar een nieuwe directeur. We hebben genoeg goede mensen binnen de organisatie die de zaak zolang draaiende kunnen houden. Daar maak ik me geen zorgen over.' Iedereen leek met deze verklaring van Catherine te kunnen instemmen.

'Tegen het personeel en de media moeten we gewoon zeggen dat Mickey vertrekt. We kunnen niet veel meer doen, het gaat om gevoelige informatie. Ik denk niet dat we geïntimideerd moeten zijn door de manier waarop iemand in eerste instantie reageert. Als we erin slagen dit probleem op een constructieve manier uit de wereld te helpen, zullen zowel het personeel als de analisten ermee akkoord gaan. Ik denk ook dat de meeste mensen en zeker het personeel niet al te verrast zullen zijn.'

Hoeveel vertrouwen Catherine ook uitstraalde en hoe redelijk haar verklaring ook leek, de stemming in het vertrek bleef gedrukt. Catherine wist dat ze erg haar best zou moeten doen om iedereen weer bij het onderwerp te krijgen. Ze besefte niet hoeveel er nog moest gebeuren voordat er een punt kon worden gezet achter de zaak Mickey.

EEN HELE KLUS

Tot de volgende middag boog de groep zich over details van de bedrijfsvoering. Speciale aandacht werd besteed aan verkoop. Hoewel de vooruitgang onmiskenbaar was, viel niet te ontkennen dat het vertrek van Mickey de sfeer negatief beïnvloedde. Catherine besloot de confrontatie aan te gaan.

Na de lunch richtte ze zich tot de groep. 'Ik zou graag een paar minuten stilstaan bij de vraag hoe we moeten omgaan met de olifant die hier in de hoek zit. Ik wil van jullie weten wat je vindt van het vertrek van Mickey. We moeten dit als team hebben afgehandeld voordat ik volgende week voor het personeel een verklaring afleg.' Hoewel het haar bleef verbazen, wist Catherine op grond van eerdere ervaringen dat het vertrek van zelfs de lastigste collega iets van rouw en onzekerheid teweegbracht.

Men zat elkaar aan te kijken. Wie zou als eerste iets zeggen? Het was Nick. 'Ik maak me zorgen dat we nog een lid van het managementteam zullen kwijtraken.'

Catherine gaf met een knik aan dat ze zijn zorgen erkende, maar ze had veel liever gezegd dat Mickey helemaal nooit als teamlid had gefunctioneerd!

Jane zei: 'Ik weet dat ze lastig was, maar ze leverde goed werk af. En juist op marketing komt het nu aan. Misschien hadden we haar gewoon moeten accepteren zoals ze is.'

Catherine gaf met een knikje te kennen dat ze het gehoord had. 'Nog iemand?'

Martin stak zijn hand min of meer op. Hij twijfelde duidelijk of hij nu wel of niet moest zeggen wat hem dwarszat. 'Ik vraag me af wie de volgende is.'

Catherine wachtte even voor ze reageerde. 'Ik zal jullie eens iets over mezelf vertellen. Iets waarop ik helemaal niet trots ben.'

Iedereen keek naar haar.

Catherine fronste haar voorhoofd alsof ze wat ze ging doen niet echt wilde doen. 'Tijdens het laatste semester op de universiteit ging ik op contractbasis werken bij een bekende detailhandel in San Francisco. Ik kreeg de leiding over een kleine afdeling financiële analisten. Het was mijn eerste echte managementpositie en ik hoopte na mijn afstuderen bij dat bedrijf een vaste baan te krijgen.'

Hoewel ze als spreker in het openbaar haar beperkingen had, kon Catherine wel goed vertellen. 'Ik nam een tamelijk goede groep mensen over. Er werd hard gewerkt, maar een van hen slaagde erin om meer en betere rapporten te produceren dan de anderen. Laat ik hem Fred noemen. Fred nam iedere opdracht die ik hem gaf aan en hij werd mijn meest betrouwbare werknemer.'

'Ik denk dat ik zo'n probleem wel zou willen hebben,' was het commentaar van Nick.

Catherine trok haar wenkbrauwen op. 'Het verhaal is nog niet af. Niemand op die afdeling kon Fred uitstaan. En eerlijk gezegd, mij ergerde hij ook vreselijk. Hij hielp niemand en hij zorgde ervoor dat iedereen wist hoe goed hij was. Dat viel ook niet te ontkennen, zelfs niet door de mensen die een hekel aan hem hadden. Hoe dan ook, personeelsleden kwamen een aantal keren bij me om over Fred te klagen. Ik luisterde goed naar wat ze te zeggen hadden en ik had zelfs een paar niet al te duidelijke gesprekken met Fred over het aanpassen van zijn gedrag. Toch negeerde ik het meeste van wat ik gehoord had. Ik voelde dat de anderen jaloers waren op zijn vaardigheden. Wat nog belangrijker was, ik wilde degene die het best presteerde niet laten vallen.'

De staf leek haar te volgen.

Catherine ging verder. 'Uiteindelijk begon de afdeling minder te produceren. Dat leidde ertoe dat ik meer werk gaf aan Fred. Hij klaagde wel, maar slaagde er toch in het allemaal af te krijgen. Ik kreeg het idee dat hij de hele afdeling overeind hield. Niet lang daarna zakte de motivatie op de afdeling als een pudding in elkaar en onze prestaties holden achteruit. Opnieuw kwam een aantal analisten bij me met klachten over Fred. Duidelijk werd dat hij inderdaad meer dan ik gedacht had, bijdroeg aan de problemen op de afdeling. Na een slapeloze nacht waarin ik over het probleem nadacht, nam ik mijn eerste belangrijke beslissing.'

Jeff gokte: 'Je stuurde hem de laan uit.'

Catherine glimlachte beschaamd. 'Nee, ik gaf hem promotie.'

Iedereen keek haar met open mond aan.

Catherine knikte. 'Echt waar. Fred was de eerste die ik als manager promoveerde. Twee weken later vertrokken drie van de zeven analisten van mijn afdeling en brak de chaos uit. We raakten achter met ons werk en mijn manager riep me bij zich om de situatie te bespreken. Ik legde hem de situatie rond Fred uit en verklaarde waarom ik de andere analisten was kwijtgeraakt. De volgende dag nam hij een belangrijke beslissing.'

Jeff gokte weer. 'Hij ontsloeg hem.'

De glimlach op het gezicht van Catherine was even pijnlijk als grappig. 'Bijna. Hij ontsloeg mij.'

Verrassing alom. Jane wilde haar troosten. 'Bedrijven sturen mensen met een contract toch meestal niet de laan uit.'

Opeens klonk Catherine een beetje sarcastisch. 'Wel, laten we zeggen dat de aanstelling abrupt eindigde en dat ze nooit geprobeerd hebben me terug te krijgen.'

Nick en Martin glimlachten, maar probeerden de zaken niet erger te maken. Catherine maakte haar verhaal af. 'Ik werd echt ontslagen.'

Iedereen zat te lachen.

'Wat gebeurde er met Fred?' wilde Jeff weten.

'Ik heb gehoord dat hij een paar weken later is vertrokken en dat ze iemand anders hebben benoemd om de afdeling te leiden. Binnen een maand na zijn vertrek verbeterden de prestaties sterk, ook al had de afdeling nu drie analisten minder dan vroeger.'

'Bedoel je dat het gedrag van Fred op zich verantwoordelijk was voor een daling van de productiviteit van de afdeling met 50 procent?'

'Nee, niet het gedrag van Fred.'

Verwarring alom.

'Wel het feit dat ik zijn gedrag tolereerde. Echt, ze hebben de goede ontslagen.'

Niemand zei iets. Het was iedereen duidelijk wat het verband was tussen het verhaal van Catherine en wat er de vorige dag gebeurd was.

Na een paar tellen kwam Catherine met de moraal van haar verhaal. 'Ik wil verder niemand kwijt. Daarom heb ik gedaan wat ik heb gedaan.'

Op dat moment leken alle aanwezigen haar te begrijpen.

DE WEG OMHOOG

Terug op kantoor riep Catherine alle werknemers bijeen, onder andere om te praten over het vertrek van Mickey. Ondanks haar tactvolle en voorzichtige optreden ontstond er meer onrust bij de werknemers dan de managers hadden verwacht. Dat zorgde voor een domper op het enthousiasme van het team. Toch waren ze het er allemaal over eens dat de reactie meer te maken had met de symbolische betekenis van het vertrek van Mickey dan met het vertrek zelf.

Tijdens de volgende stafbijeenkomst liet Catherine de groep meer dan een uur discussiëren over de vraag hoe ze het hoofd van de afdeling marketing zouden vervangen. Na een verhit debat over de vraag of een van de ondergeschikten van Mickey gepromoveerd diende te worden, hakte Catherine de knoop door.

'Oké, dit was een prima discussie. Ik denk dat ik alle meningen nu wel ken. Iemand nog iets toe te voegen?'

Omdat niemand iets zei, ging Catherine verder. 'Ik denk dat we iemand nodig hebben die de afdeling tot bloei brengt en ons helpt een merknaam te ontwikkelen. Hoe graag ik ook iemand uit het bedrijf zou willen promoveren, ik zie op de afdeling niemand die daar op dit ogenblik ook maar enigszins toe in staat is. Daarom denk ik dat we moeten gaan zoeken naar een nieuwe directeur.'

Iedereen stemde daarmee in, zelfs degenen die argumenten hadden aangevoerd tegen het aannemen van iemand van buiten.

'Je kunt er zeker van zijn dat het lukt. Iedereen die hier aanwezig is, zal gesprekken hebben met de kandidaten en we zullen er alles aan doen om iemand te vinden die vertrouwen uitstraalt, die niet wegloopt voor conflicten, die zich bij groepsbeslissingen neerlegt, de collega's scherp houdt en zich concentreert op de resultaten van het team en niet op die van het eigen ego.'

Catherine realiseerde zich dat de staf haar denkbeelden begon te aanvaarden. Nadat ze Jeff gevraagd had het zoeken naar een nieuwe directeur te organiseren, bracht ze het onderwerp verkoop ter sprake.

Nick vertelde dat er vooruitgang was geboekt met een paar belangrijke klanten, al klaagde hij dat er in sommige delen van het land nog problemen waren. 'Ik denk dat we meer mensen op straat moeten hebben.'

Catherine begreep dat Nick meer geld vroeg en ze probeerde deze optie onmiddellijk de kop in te drukken. 'Ik wil nu geen extra uitgaven want dat betekent dat jullie quota omhoog zouden gaan. We kunnen nu absoluut geen neerwaartse spiraal gebruiken.'

Nick zuchtte luid en schudde zijn hoofd van ergernis, alsof hij wilde zeggen: Daar gaan we weer. Voordat iemand door had wat er gebeurde, zaten Nick en Jane met hun vuisten op tafel te slaan. Ze probeerden elkaar en alle anderen ervan te overtuigen dat hun eigen benadering de juiste was.

Toen er even een stilte viel, gooide Jane zich gefrustreerd achteruit in haar stoel. Ze riep uit: 'Er is hier nog niets veranderd. Misschien was Mickey het probleem wel helemaal niet.'

Iedereen was meteen ontnuchterd.

Catherine kwam met een glimlach tussenbeide. 'Wacht eens even. Volgens mij is hier niets mis mee. Dit is het soort conflicten waar we de afgelopen maand over gepraat hebben. Het is prima, echt'.

Jane verduidelijkte: 'Ik geloof dat ik het zelf niet zo kan zien. Voor mij zijn we aan het vechten.'

'Je bent ook aan het vechten. Maar het gaat ergens over. Dat hoort bij je baan. Anders laat je het aan je personeel over om problemen op te lossen die ze niet kunnen oplossen. Ze willen dat jij de problemen oplost en dat je duidelijke richtlijnen biedt.'

Jane maakte een vermoeide indruk. 'Ik hoop dat het de moeite waard is.' Catherine glimlachte weer. 'Geloof me nou maar. Het zal meer de moeite waard zijn dan je nu vermoedt.'

De volgende twee weken begon Catherine haar team harder op hun gedrag aan te spreken dan ze ooit had gedaan. Ze berispte Martin wegens ondermijning van het vertrouwen; hij had op vergaderingen een zelfvoldane houding. En ze dwong Carlos ertoe het team te confronteren met een gebrek aan initiatieven als het ging om problemen met klanten. Zelf zat ze verschillende avonden met Jane en Nick gebogen over budgetkwesties. Discussies daarover waren nu eenmaal onvermijdelijk.

Maar wat Catherine deed, was minder belangrijk dan de reacties die ze ontving. Hoeveel weerstand ze aanvankelijk ook mochten hebben gehad, niemand twijfelde er meer aan dat de dingen die Catherine hen liet doen, gedaan moesten worden. Het gevoel een collectieve doelstelling te hebben, leek nu bij iedereen aanwezig.

Catherine vroeg zich nog maar één ding af. Zou ze het proces lang genoeg gaande weten te houden om iedereen de voordelen te kunnen laten zien?

Deel 4

Op de goede weg

DE OOGST

Hoewel de sfeer tijdens het laatste verblijf in Napa Valley anders was dan bij eerdere gelegenheden, stak Catherine haar bekende toespraak weer af. 'Onze managers hebben meer ervaring dan die van onze concurrenten. Wij hebben meer geld dan zij. Dankzij Martin en zijn team is onze belangrijkste technologie beter. Er is steeds meer samenhang in onze raad van bestuur. Desalniettemin moeten we twee concurrenten voor ons dulden als het gaat om inkomsten en klantengroei. Ik denk dat we allemaal weten hoe dat komt.'

Nick stak zijn hand op. 'Catherine, ik zou graag zien dat je die toespraak niet meer hield.'

Een maand eerder zou iedereen nog geschokt zijn geweest door zo'n onomwonden uitspraak. Nu leek niemand geschokt.

'Waarom niet?' vroeg Catherine.

Nick fronste zijn voorhoofd en zocht naar de goede woorden. 'Ik denk dat die toespraak een paar weken geleden meer van toepassing was omdat we toen nog...' Nick maakte zijn zin niet af.

Zo vriendelijk mogelijk gaf Catherine uitleg. 'Ik stop met deze toespraken als ze niet meer nodig zijn. We liggen nog altijd achter op twee van onze concurrenten. En als team zijn we nog altijd niet waar we moeten zijn. Maar dat wil niet zeggen dat we niet op het goede spoor zitten. We gaan nu eerst een stap opzij doen om te kijken hoever we als team zijn.'

Ze liep naar het bord, tekende de driehoek en vulde de vijf frustraties in.

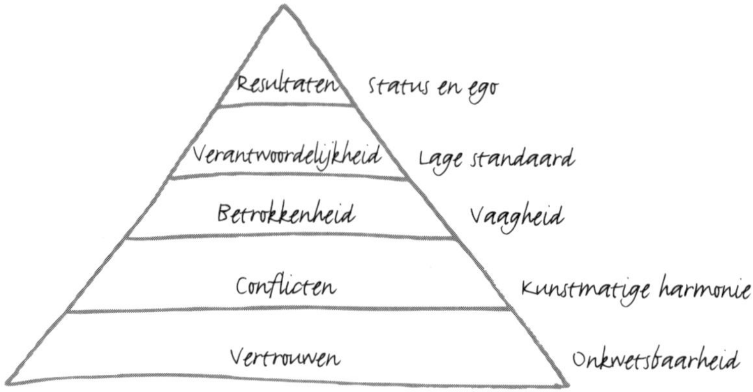

Ze vroeg: 'En, hoe staan we ervoor?'

Het team keek naar het model en dacht na.

Jeff was de eerste die iets zei. 'We hebben zeker meer vertrouwen in elkaar dan een maand geleden.' Anderen knikten en Jeff maakte zijn gedachtegang af. 'Toch denk ik dat het nog te vroeg is om te zeggen dat er niet meer werk te doen is.' Er werd weer geknikt.

Jane voegde daaraan toe: 'En we gaan beter met conflicten om, al kan ik niet zeggen dat ik er al aan gewend ben.'

Catherine stelde haar gerust. 'Ik denk dat niemand ooit helemaal went aan conflicten. Als die niet iets ongemakkelijks hebben, zijn ze niet echt. Het gaat erom dat je ze niet uit de weg gaat.'

Voor Jane was deze verklaring voldoende.

Toen bracht Nick in het midden: 'Wat de betrokkenheid aangaat, het gaat beslist beter met het onderschrijven van doelstellingen en afspraken. Dat is niet het probleem. Over het volgende punt, verantwoordelijkheid, maak ik me meer zorgen.'

'Waarom?' vroeg Jeff.

'Omdat ik er nog niet van overtuigd ben dat we bereid zijn elkaar de waarheid te zeggen als een van ons afspraken niet nakomt of tegen de belangen van het team ingaat.'

'Ik zou hem of haar zeker de waarheid zeggen.'

Tot ieders verrassing was dit commentaar afkomstig van Martin. Hij gaf een toelichting. 'Ik denk niet dat ik het zou kunnen accepteren als de situatie weer werd zoals die vroeger was. Als ik moet kiezen tussen wat ongemakken op sociaal vlak en een politieke manier van doen, geef ik de voorkeur aan de ongemakken.'

Nick glimlachte naar zijn grillige collega en voltooide het model. 'Ik denk niet dat we problemen krijgen met de resultaten. Het zal voor niemand positief zijn als we er niet in slagen van dit bedrijf een succes te maken.'

Catherine was nog nooit zo blij geweest met een kamer vol mensen die zaten te knikken omdat ze het met elkaar eens waren. Toch besloot ze dat ze de verwachtingen van het team wat moest temperen.

'Met het meeste van wat jullie gezegd hebben over het team ben ik het eens. Het gaat de goede kant op. Toch moeten jullie beseffen dat er nog veel dagen zullen komen waarop je je afvraagt of er überhaupt enige vooruitgang is geboekt. Voor een duidelijk effect op de resultaten is meer nodig dan een paar weken gedragsverandering.'

Het team leek al te snel met haar in te stemmen. Ze besloot dat een extra preek nodig was. 'Ik zeg dit omdat we nog niet uit de problemen zijn. Ik heb al veel groepen zien terugvallen en die waren een stuk verder dan wij. Het gaat erom of we de discipline en de vasthoudendheid kunnen opbrengen om op de ingeslagen weg voort te gaan.'

Hoe vervelend Catherine het ook vond om de stemming te temperen, ze was blij dat ze hen had voorbereid op tegenwind. Ieder team dat bezig is met het wegwerken van frustraties, krijgt daarmee te maken. De volgende twee dagen zat het team al in zwaar weer. De ene keer werkte iedereen goed samen, andere keren vlogen ze elkaar naar de keel. De groep worstelde met bedrijfsproblemen en werkte net zolang door tot er een oplossing was. Ironisch genoeg werd het idee van teamwork nog maar zelden expliciet besproken. Catherine zag daarin een signaal dat er vooruitgang was geboekt en tijdens pauzes en maaltijden merkte ze twee dingen op die haar ervan overtuigden dat ze het bij het rechte eind had.

Ten eerste bleef het team bij elkaar en ging niet iedereen zijn eigen weg zoals bij eerdere uitstapjes was gebeurd. Ten tweede waren ze luidruchtiger dan ooit. En er was vooral gelach te horen geweest. Tegen het einde van de bijeenkomst was iedereen uitgeput. Toch leek men, toen men op het punt stond terug te keren naar kantoor, al weer uit te zien naar het inplannen van de volgende bijeenkomsten.

EEN DIEPGAAND ONDERZOEK

Drie maanden na het slot van de laatste bijeenkomst in Napa Valley hield Catherine haar eerste tweedaagse stafbijeenkomst van dat kwartaal in een plaatselijk hotel. Een week eerder was Joseph Charles bij DecisionTech benoemd tot directeur marketing. Dit was zijn eerste ontmoeting met de groep.

Catherine opende de bijeenkomst met een verklaring waarop niemand gerekend had. 'Herinneren jullie je Green Banana nog? Het bedrijf dat we vorig kwartaal wilden overnemen?'

Rond de tafel werd geknikt.

'Nick had gelijk toen hij hen een mogelijke concurrent noemde. Ze willen ons overnemen.' Iedereen was geschokt. Behalve Jeff. Die zat in de raad van bestuur en was al op de hoogte van het bod. Maar niemand was meer geschokt dan Nick. 'Ik dacht dat ze financiële problemen hadden?'

'Dat hadden ze ook,' verklaarde Catherine. 'Ik denk dat ze afgelopen maand enorm veel geld hebben opgehaald en nu willen ze opeens dolgraag iets kopen. Ze hebben al een bod uitgebracht.'

'Van hoeveel?' wilde Jane weten.

Catherine keek in haar aantekeningen. 'Heel wat meer dan wij vandaag waarschijnlijk waard zijn. We zouden allemaal een mooi bedrag opstrijken.'

Jane wilde nog iets weten. 'Hoe reageerde het bestuur?'

Jeff was Catherine voor met een antwoord. 'Zij laten het aan ons over.'

Zwijgen. Het leek erop dat iedereen zat uit te rekenen hoeveel ze konden incasseren en in welk perspectief ze dit bod moesten zien.

Ten slotte werd de stilte doorbroken door een ietwat boze stem met een Brits accent. 'Over m'n lijk.'

Iedereen keek naar het hoofd van de afdeling technologie. Met zoveel passie had nog nooit iemand hem horen spreken. 'Ik peins er niet over om hier te vertrekken en alles over te dragen aan een bedrijf dat genoemd is naar een stuk onrijp fruit.'

Gelach alom.

Jane zorgde ervoor dat iedereen weer met beide voeten op de grond kwam te staan. 'Ik denk niet dat we dit zo snel van de hand moeten wijzen. Er is geen enkele garantie dat we zullen slagen. Het gaat wel om echt geld.'

Jeff voegde daaraan toe: 'Het bestuur vindt het beslist geen slecht bod.'

Martin leek Jeff niet te geloven. 'Waarom laten ze het dan aan ons over?'

Jeff wachtte even voor hij met een verklaring kwam. 'Omdat ze er zeker van willen zijn dat we er helemaal voor willen gaan.'

Martin fronste zijn wenkbrauwen. 'Wat?'

Jeff legde het zijn Britse collega uit. 'Ze willen weten of dit echt is wat we willen. Of we echt betrokken zijn bij het bedrijf. En bij elkaar.'

Joseph vatte de situatie samen. 'Dit heeft wel iets van een darmonderzoek.'

'Ik ben ertegen.' Het was de eerste keer tijdens deze vergadering dat Carlos iets zei.

Jeff was de volgende. 'Ik ook. Beslist.'

Nick knikte. Net als Catherine en Joseph.

Martin keek naar Jane. 'Wat vind jij?'

Ze aarzelde even. 'Green Banana? Ben je gek zeg!?'

Ze schaterden het uit.

Catherine haalde snel de teugels weer aan. Ze wilde het momentum bewaren en de aandacht richten op echt belangrijke zaken. 'Goed, we hebben vandaag nog andere belangrijke onderwerpen te bespreken. Laten we daarmee beginnen.'

De volgende paar uur loodste de groep Joseph door de vijf frustraties. Nick legde uit hoe belangrijk vertrouwen was. Jane en Jeff bespraken samen conflict en betrokkenheid. Carlos behandelde verantwoordelijkheid in de context van een team en Martin rondde de zaak af. Vervolgens bekeken ze de uitkomsten van Josephs Myers-Briggstesten en verduidelijkten ze voor hem de rollen en verantwoordelijkheden van zijn nieuwe collega's. Ook bespraken ze de collectieve doelstellingen.

Het allerbelangrijkste was echter dat ze de rest van de dag enkele van de meeste gepassioneerde discussies aangingen die Joseph ooit had meegemaakt. Bovendien werden deze debatten besloten met kristalheldere conclusies en zonder een spoor van bitterheid. Ze riepen elkaar een paar keer ter verantwoording op een zodanige manier dat Joseph zich ongemakkelijk voelde, maar telkens wisten ze het debat met positieve resultaten af te ronden.

Aan het eind van de sessie stelde Joseph vast dat hij nu deel uitmaakte van een van de meest ongewone en hechte managementteams die hij ooit had gezien. Hij wilde liefst zo snel mogelijk mee gaan doen.

DE MARS

In de loop van het volgende jaar groeiden de verkopen van DecisionTech enorm en werden de omzetdoelstellingen in drie van de vier kwartalen gehaald. Het bedrijf kwam terecht in een strijd om de toppositie in de bedrijfstak, maar diende nog afstand te nemen van zijn belangrijkste rivaal.

Nu de prestaties substantieel verbeterd waren, daalde het verloop onder de werknemers en steeg de motivatie gestaag. Er ontstond alleen een korte inzinking toen het bedrijf de streefcijfers niet haalde.

Het was interessant dat bij die gelegenheid de voorzitter Catherine zelfs opbelde. Hij zei dat ze niet teleurgesteld moest raken gezien de onmiskenbare vooruitgang die ze al had bewerkstelligd.

Het bedrijf had nu meer dan 250 werknemers en Catherine besloot dat het tijd werd om het aantal managers die direct bij haar verslag uitbrachten, terug te brengen. Ze vond dat hoe groter het bedrijf was hoe kleiner het team aan de top diende te zijn. Met het nieuwe hoofd van de afdeling verkoop en een directeur personeelszaken omvatte haar staf nu acht personen. Dat viel nauwelijks te managen. Niet dat Catherine niet uit de voeten kon met de wekelijkse gesprekken onder vier ogen, maar het werd steeds moeilijker om vlotte en substantiële discussies te hebben tijdens stafvergaderingen als daar negen mensen aanwezig waren. Zelfs met de nieuwe instelling van de teamleden zou het slechts een kwestie van tijd zijn voor er weer problemen opdoken.

Dat was de reden dat een jaar na het laatste verblijf in Napa Catherine besloot enkele organisatorische wijzigingen door te voeren. Vriendelijk en rustig legde ze haar besluit voor aan haar stafleden. Nick zou de functie van coo weer op zich nemen; hij vond dat hij die titel nu had verdiend. Carlos en het nieuwe hoofd van de afdeling verkoop zouden aan hem rapporteren en niet langer deel uitmaken van de staf van de ceo. Personeelszaken zou rapporteren aan Jane, waardoor er nog maar vijf mensen direct aan Catherine rapporteerden: Martin als cto, Jane als cfo, Nick als coo, Joseph als directeur marketing en Jeff als directeur business development.

Een week later vond opnieuw een tweedaagse kwartaalbijeenkomst van Catherines staf plaats. Voordat zij de vergadering kon openen, wilde Jane weten waar Jeff was.

Catherine reageerde zakelijk. 'Daar wilde ik vandaag mee beginnen. Jeff zal deze vergaderingen niet meer bijwonen.'

Iedereen was stomverbaasd. Zowel over wat Catherine had gezegd als over het gebrek aan emotie waarmee ze het had gezegd.

Ten slotte stelde Jane de vraag die bij iedereen op de lippen lag. 'Is Jeff vertrokken?'

De vraag leek Catherine een beetje te verrassen. 'Nee.'

Toen vroeg Martin: 'Je hebt hem toch niet ontslagen, wel?'

Opeens begon het Catherine te dagen. 'Nee, natuurlijk niet. Waarom zou ik Jeff ontslaan? Het is alleen zo dat hij van nu af aan zal rapporteren aan Nick. Gezien zijn nieuwe functie waren hij en ik het erover eens dat dat veel zinniger was.'

Hoewel iedereen opgelucht was dat hun ergste vrees niet werd bewaarheid, zat hen toch nog iets dwars.

Jane kon het niet voor zich houden. 'Catherine, ik begrijp best dat het zinnig is. En ik ben er zeker van dat Nick blij is dat Jeff deel uitmaakt van zijn team.'

Nick knikte bevestigend en Jane vervolgde: 'Maar denk je niet dat hij teleurgesteld is dat hij niet meer rechtstreeks aan jou rapporteert? Ik bedoel, ik weet wel dat we niet geacht worden ons druk te maken over status en ego en zo, maar hij is lid van het bestuur en een van de stichters van het bedrijf. Heb je er wel bij stilgestaan wat dit voor hem betekent?'

Catherine glimlachte vol trots. Ze was verheugd dat ze haar hadden gedwongen uit te leggen wat ze hun al die tijd al had willen vertellen. 'Jongens, Jeff kwam zelf met het idee.'

Aan die mogelijkheid had niemand gedacht. Catherine ging verder. 'Hij zei dat het, hoe graag hij ook deel wilde blijven uitmaken van het team, voor hem zinniger was om deel te zijn van de groep van Nick. Ik heb hem nog de kans gegeven van gedachten te veranderen, maar hij hield vol dat dit zowel voor het bedrijf als voor het team het beste was.'

Catherine liet haar team een ogenblik genieten van hun bewondering voor hun vroegere ceo. Toen ging ze verder. 'Ik denk dat we het aan Jeff en aan iedereen die hier werkt verplicht zijn ervoor te zorgen dat dit bedrijf een succes wordt. Laten we beginnen.'

Het model

Hoe lastig het ook is om een samenhangend team op te bouwen, ingewikkeld is het niet. Het is juist heel belangrijk het eenvoudig te houden. Het maakt daarbij niet uit of je leiding geeft aan de managers van een multinational of aan een kleine afdeling binnen een grotere organisatie. Het geldt ook als je deel uitmaakt van een team dat voor verbetering vatbaar is. Met die gedachte in het achterhoofd is dit deel opgezet. Het voorziet je van een heldere, compacte en praktische gids bij het gebruik van het model van de vijf frustraties om je team te verbeteren. Succes!

SAMENVATTING VAN HET MODEL

Mijn ervaringen met ceo's en hun teams hebben me twee dingen geleerd. Ten eerste dat echt teamwork voor de meeste organisaties nog net zo ongrijpbaar is als vroeger. Ten tweede dat organisaties er niet in slagen om echt teamwork van de grond te krijgen, aangezien ze ongemerkt slachtoffer worden van een vijftal voor de hand liggende maar gevaarlijke valkuilen. Dat noem ik de vijf frustraties van teamwork.

Het zou verkeerd zijn deze frustraties te zien als vijf van elkaar te onderscheiden kwesties die ook los van elkaar kunnen worden aangepakt. In werkelijkheid vormen zij een onderling verbonden geheel. Daardoor betekent gevoeligheid voor een van deze vijf al een gevaar voor het goed functioneren van een team. Een globale samenvatting van deze frustraties, samen met het model dat zij vormen, moet dit duidelijk maken.

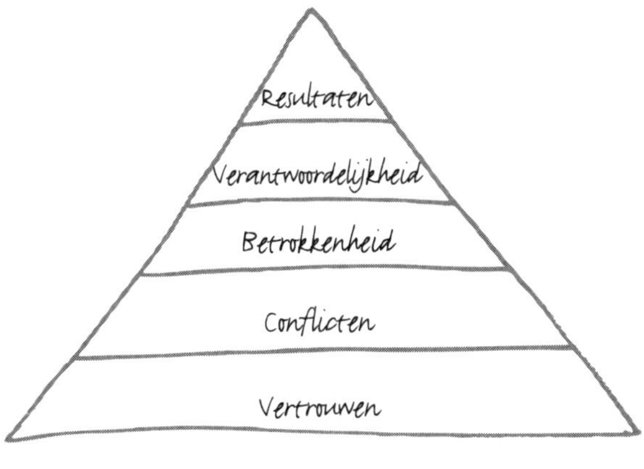

1. De eerste frustratie is de *afwezigheid van vertrouwen* tussen de teamleden onderling. De wortel hiervan ligt in wezen bij degenen die niet bereid zijn om zich binnen de groep kwetsbaar op te stellen. Teamleden die niet in alle openheid hun fouten en zwakheden toegeven, maken het onmogelijk een basis van vertrouwen te leggen.
2. Het onvermogen om vertrouwen te creëren is schadelijk aangezien het de toon zet voor de tweede kwaal: *angst voor conflicten*. Teams waarin het aan vertrouwen ontbreekt, zijn niet in staat om zich over te geven aan ongeremde en hartstochtelijke debatten over ideeën. In plaats daarvan beperken ze zich tot versluierde discussies en commentaren.
3. De afwezigheid van gezonde conflicten vormt een probleem aangezien daardoor de basis wordt gelegd voor de derde frustratie van teamwork: *gebrek aan betrokkenheid*. Wanneer teamleden in de loop van hartstochtelijke en open debatten geen lucht hebben kunnen geven aan hun meningen, engageren ze zich zelden of nooit en stellen zij zich ook niet achter besluiten op, hoewel ze misschien tijdens vergaderingen instemming veinzen.
4. Door dit gebrek aan echte betrokkenheid en engagement gaan teamleden het nemen van *verantwoordelijkheid mijden*. Dat is de vierde frustratie. Werknemers kunnen nog zo geconcentreerd en gedreven zijn, maar als ze een overeengekomen plan van actie niet van harte steunen, leidt dat ertoe dat ze collega's die met hun gedragingen het teambelang lijken te schaden slechts aarzelend ter verantwoording roepen.
5. Door van elkaar geen verantwoording te vragen, wordt een omgeving gecreëerd waarin de vijfde frustratie kan ontstaan. *Te weinig aandacht voor resultaten* doet zich voor als teamleden hun individuele belangen (het eigen ego, carrièreplanning of erkenning) of de belangen van hun afdeling voorrang geven boven de doelstellingen van het team.

Net als bij een ketting met een kapotte schakel gaat het teamwork achteruit als ook maar één enkele frustratie zich kan ontwikkelen.

Dit model kan ook begrepen worden door een meer positieve benadering vanuit tegenovergestelde richting. Bedenk hoe leden van echt samenhangende teams zich opstellen:

1. Ze vertrouwen elkaar.
2. Ze gaan openlijk de strijd aan over ideeën.
3. Ze steunen besluiten en actieplannen.
4. Ze spreken elkaar aan op het realiseren van overeengekomen activiteiten.
5. Ze concentreren zich op het bereiken van collectieve resultaten.

Lijkt dit eenvoudig? Het is ook eenvoudig. In ieder geval in theorie. In de praktijk is het echter buitengewoon moeilijk. Er is een mate van concentratie en vasthoudendheid nodig die maar weinig teams kunnen opbrengen.

Alvorens op de verschillende frustraties afzonderlijk in te gaan en wegen te vinden om hen weg te werken, kan het handig zijn om je eigen team tegen het licht te houden en na te gaan op welke punten binnen jouw organisatie verbeteringen mogelijk zijn.

TEAMONDERZOEK

De vragenlijst op de volgende bladzijden is een diagnostisch instrument. Het kan je helpen te onderzoeken of je team kwetsbaar is voor de vijf frustraties. Aan het eind van de vragenlijst wordt op een eenvoudige manier uitgelegd hoe de resultaten moeten worden verwerkt en de conclusies geïnterpreteerd.

Laat zo mogelijk alle leden van je team de hele vragenlijst afwerken. Bespreek vervolgens de uitkomsten en de verschillen tussen de antwoorden. Stel vervolgens vast welke implicaties die hebben voor het team.

Instructies: Geef met behulp van onderstaande schaal aan in welke mate de uitspraken van toepassing zijn op jouw team. Het is belangrijk de uitspraken eerlijk te beantwoorden en er niet al te diep over na te denken.

3 = meestal
2 = soms
1 = zelden

___ 1. De teamleden zijn gepassioneerd en nemen bij zakelijke besprekingen geen blad voor de mond.

___ 2. Teamleden spreken elkaar aan op tekortkomingen en onproductieve gedragingen.

___ 3. Teamleden weten waar hun collega's aan werken en welke positieve bijdrage zij leveren aan het team.

___ 4. Teamleden verontschuldigen zich snel en oprecht tegenover elkaar wanneer zij iets zeggen of doen dat ongepast is of het team kan schaden.

___ 5. Omwille van het teambelang zijn teamleden bereid op hun afdelingen of de terreinen waarop zij deskundig zijn offers te brengen in termen van budgetten, zeggenschap of het aantal personeelsleden.

___ 6. Teamleden geven openlijk hun zwakheden en fouten toe.

___ 7. Teamvergaderingen zijn fascinerend en niet vervelend.

___ 8. Als teamleden vergaderingen verlaten, vertrouwen zij erop dat collega's zich zonder voorbehoud zullen scharen achter de besluiten waarover overeenstemming wordt bereikt, ook als er aanvankelijk onenigheid heerste.

___ 9. Het niet-realiseren van teamdoelstellingen heeft grote invloed op de motivatie.

___ 10. Tijdens teambijeenkomsten worden de belangrijkste en lastigste kwesties aan de orde gesteld.

___ 11. Teamleden maken zich grote zorgen over het vooruitzicht hun collega's af te vallen.

___ 12. Teamleden weten iets van elkaars persoonlijke leven en spreken daar onderling gemakkelijk over.

___ 13. De teamleden beëindigen discussies met heldere en specifieke oplossingen en met plannen van aanpak.

___ 14. De teamleden dagen elkaar uit aangaande plannen en benaderingen.

___ 15. Teamleden zoeken niet gretig naar krediet voor hun eigen bijdragen, maar geven dat wel snel aan anderen.

Score

Verwerk de scores als volgt:

Frustratie 1: afwezigheid van vertrouwen		*Frustratie 2: angst voor conflicten*		*Frustratie 3: een gebrek aan betrokkenheid*		*Frustratie 4: vermijden van verantwoordelijkheid*		*Frustratie 5: verwaarlozing van de resultaten*	
Uitspraak 4:	___	Uitspraak 1:	___	Uitspraak 3:	___	Uitspraak 2:	___	Uitspraak 5:	___
Uitspraak 6:	___	Uitspraak 7:	___	Uitspraak 8:	___	Uitspraak 11:	___	Uitspraak 9:	___
Uitspraak 12:	___	Uitspraak 10:	___	Uitspraak 13:	___	Uitspraak 14:	___	Uitspraak 15:	___
Totaal:	___	Totaal:	___	Totaal:	___	Totaal:	___	Totaal:	___

Een score van 8 of 9 geeft aan dat deze frustratie waarschijnlijk geen probleem is voor je team.
Een score van 6 of 7 geeft aan dat deze frustratie een probleem zou kunnen vormen.
Een score van 3 tot 5 geeft aan dat deze frustratie beter aangepakt kan worden.
Ongeacht de scores is het belangrijk te bedenken dat ieder team constant onderhoud vereist.
Zonder onderhoud vertonen zelfs de beste teams de neiging om slecht te gaan functioneren.

BEGRIJPEN EN TEGENGAAN VAN DE VIJF FRUSTRATIES

FRUSTRATIE 1: GEBREK AAN VERTROUWEN

Vertrouwen vormt de basis van een goed functionerend, hecht team. Zonder vertrouwen is teamwork vrijwel onmogelijk.

Helaas wordt van het begrip vertrouwen zo vaak gebruik – en ook misbruik – gemaakt dat het een deel van zijn betekenis verloren heeft. Daarom is het van belang precies aan te geven wat we bedoelen met vertrouwen.

In de context van de opbouw van een team staat vertrouwen voor de zekerheid van de teamleden dat de intenties van hun collega's goed zijn en dat er geen reden is om beschermend of bezorgd over de groep te zijn. In wezen moeten de teamleden zich op hun gemak voelen als ze zich kwetsbaar tegenover elkaar opstellen.

Deze omschrijving verschilt van de standaardomschrijving van vertrouwen. Daarin staat de vaardigheid centraal om iemands gedrag te voorspellen op basis van vroegere ervaringen. Zo zou men er bijvoorbeeld op mogen vertrouwen dat een bepaald teamlid kwalitatief goed werk zal leveren omdat hij dat in het verleden ook altijd heeft gedaan.

Hoe wenselijk dit ook is, het is niet genoeg voor het soort vertrouwen dat kenmerkend is voor een goed functionerend team. Daarvoor is nodig dat teamleden zich kwetsbaar opstellen tegenover elkaar en dat ze erop kunnen vertrouwen dat de eigen kwetsbaarheid niet tegen hen gebruikt zal worden. De kwetsbaarheid die ik bedoel verwijst naar zwakheden, gebrekkige vaardigheden, tekortkomingen op sociaal vlak, fouten en verzoeken om hulp.

Dit mag misschien soft klinken, maar alleen als de leden van een team zich bij elkaar echt op hun gemak voelen, kunnen ze reageren zonder op hun hoede te hoeven zijn. Dat heeft weer tot gevolg dat ze hun energie en aandacht volledig kunnen richten op de zaak waar ze mee bezig zijn; de noodzaak strategisch of politiek met elkaar om te gaan ontbreekt.

Het is moeilijk om deze op kwetsbaarheid gebaseerde vorm van vertrouwen te bereiken. In de loop van hun opleiding en loopbaan leren de meeste mensen om competitief met hun gelijken om te gaan en de eigen reputatie te beschermen. Het is voor hen een uitdaging om zich van die gewoonten te ontdoen ter wille van het welzijn van het team. Toch is dat precies wat nodig is.

Wanneer men hierin niet slaagt, brengt dat hoge kosten met zich mee. Teams waarin het schort aan onderling vertrouwen verspillen enorm veel tijd en energie aan het managen van de gedragingen en interacties binnen de groep. De neiging bestaat dan om bang te zijn voor teamvergaderingen. Men weigert in zulke gevallen de risico's te nemen die verbonden zijn met het vragen of aanbieden van hulp. Dat leidt er weer toe dat de motivatie van dit soort teams doorgaans heel laag is en het personeelsverloop navenant hoog.

SUGGESTIES VOOR HET TEGENGAAN VAN FRUSTRATIE 1

Hoe werkt een team aan vertrouwen? Helaas kan vertrouwen dat gebaseerd is op kwetsbaarheid niet snel tot stand worden gebracht. Daarvoor zijn gedeelde ervaringen nodig als het nakomen van afspraken, herhaaldelijk gebleken geloofwaardigheid en een wezenlijk begrip van de unieke eigenschappen van de teamleden. Door echter gebruik te maken van een specifieke benadering kan een team dit proces aanzienlijk versnellen en in relatief korte tijd vertrouwen opbouwen. Hier volgen een paar instrumenten die daarbij behulpzaam kunnen zijn.

Oefenen met persoonlijke geschiedenissen. In minder dan een uur kan een team een eerste stap zetten in de richting van het kweken van vertrouwen. Deze oefening brengt weinig risico's met zich mee. Nodig is alleen dat tijdens een vergadering iedereen aan de beurt komt en dat de teamleden een korte lijst van vragen over zichzelf beantwoorden. De vragen hoeven niet speciaal gevoelige kwesties aan te roeren. Ze zouden betrekking kunnen hebben op:

aantal broers en zusters, geboorteplaats, specifieke uitdagingen als kind, favoriete hobby's, eerste baan en de slechtste baan. Alleen al door het leveren van deze betrekkelijk onschuldige informatie krijgen teamleden een meer persoonlijke band met elkaar. Ze gaan elkaar zien als mensen met levensgeschiedenissen en interessante achtergronden. Dit bevordert de empathie en het wederzijdse begrip en ontmoedigt oneerlijke en onjuiste interpretaties van elkaars gedragingen. Het is verbazingwekkend te zien hoe weinig sommige teamleden van elkaar weten en hoe weinig informatie nodig is om een begin te maken met het afbreken van de barrières. (Minimaal benodigde tijd: 30 minuten.)

Leden van teams waarin het aan vertrouwen ontbreekt

- verbergen zwakheden en fouten voor elkaar;
- aarzelen bij het vragen van hulp of het geven van opbouwende feedback;
- aarzelen hulp aan te bieden buiten het terrein waarvoor ze verantwoordelijk zijn;
- staan meteen met conclusies klaar over de intenties en neigingen van anderen, zonder dat ze proberen daarover eerst duidelijkheid te krijgen;
- slagen er niet in vaardigheden en ervaringen bij anderen te herkennen en daarvan gebruik te maken;
- verspillen tijd en energie bij hun pogingen hun doelen te realiseren;
- zijn wrokkig;
- hebben een afkeer van vergaderingen en hebben altijd wel een reden om iets niet samen te doen.

Leden van teams waarin vertrouwen heerst

- geven hun zwakheden en fouten toe;
- durven om hulp te vragen;
- accepteren vragen en de inbreng van anderen op het terrein waarvoor ze zelf verantwoordelijk zijn;

- gunnen elkaar het voordeel van de twijfel voordat ze tot een negatieve gevolgtrekking komen;
- nemen risico's bij het aanbieden van feedback en hulp;
- waarderen en benutten de vaardigheden en ervaringen van anderen;
- steken tijd en energie in belangrijke zaken, niet in politieke spelletjes;
- bieden verontschuldigingen aan en accepteren die ook zonder aarzelen;
- zien uit naar vergaderingen en andere gelegenheden om als groep te kunnen optreden.

Oefeningen betreffende teameffectiviteit. Deze oefening is veeleisender en relevanter dan de vorige, maar kan ook meer risico's met zich meebrengen. Het vraagt van de teamleden dat ze vaststellen wat de belangrijkste bijdrage is van elke collega aan het team. Ook moet worden bepaald op welk punt een collega iets dient te verbeteren of weg te werken ter wille van het teambelang. Daarna komen alle teamleden met reacties waarbij ze zich op één persoon tegelijk concentreren. Meestal is de teamleider het eerst aan de beurt.

Hoewel deze oefening op het eerste gezicht misschien nogal indringend en gevaarlijk lijkt, kan ze opvallend nuttig zijn. Het is opmerkelijk hoeveel zinnige en bruikbare informatie in ongeveer een uur op tafel kan komen. Wil deze oefening vruchten afwerpen, dan is zeker een bepaalde mate van vertrouwen nodig. Toch kan ook een betrekkelijk slecht functionerend team deze oefening zonder al te veel stress tot een goed einde brengen. (Minimaal benodigde tijd: 60 minuten.)

Profielen van persoonlijkheid en gedragsvoorkeuren. Een van de meest effectieve en blijvend werkzame instrumenten voor het opbouwen van vertrouwen binnen een team zijn profielen van gedragsvoorkeuren en persoonlijkheidstypen. Deze bevorderen het afbreken van barrières doordat mensen in staat worden gesteld elkaar beter te begrijpen en met elkaar mee te voelen.

Het beste instrument naar mijn mening is de Myers-Briggs Type Indicator (MBTI). Soms geeft men de voorkeur aan andere instrumenten. Meestal is het doel van deze instrumenten praktische en wetenschappelijk valide beschrijvingen van het denken, spreken en handelen van de verschillende teamleden te bieden. Voordelen van instrumenten als de MBTI zijn hun objectieve karakter (hoewel ze wezenlijk van elkaar verschillen, is het ene type niet beter dan het andere), het feit dat ze gebaseerd zijn op onderzoek (en niet op astrologie of new age) en de mate waarin de deelnemers zelf invloed hebben op het vaststellen van hun eigen type (ze krijgen niet domweg een computeruitdraai of testscore die hun type bepaalt). Veel van deze testen kunnen alleen door een gecertificeerde consultant worden afgenomen. Dat is belangrijk; het garandeert dat er geen misbruik wordt gemaakt van de uitkomsten. (Minimaal benodigde tijd: 4 uur.)

360-graden feedback. Deze instrumenten zijn de afgelopen twintig jaar populair geworden. Ze kunnen voor een team belangrijke resultaten opleveren. Ze brengen meer risico's met zich mee dan de eerder besproken instrumenten en oefeningen aangezien van collega's gevraagd wordt specifieke oordelen te vellen en constructieve kritiek te uiten. Wil een dergelijk programma iets opleveren dan is het naar mijn mening van het grootste belang het volledig los te maken van beloningskwesties en de officiële evaluatie van prestaties. Het programma is bedoeld als leermiddel, als een techniek die werknemers in staat stelt om zonder angst voor repercussies vast te stellen wat hun sterke en zwakke punten zijn. Zelfs een zwak verband met de officiële evaluatie van prestaties of beloning kan dit instrument al gevaarlijke politieke ondertonen geven.

Oefeningen met teamervaringen. Klimcursussen en andere teamactiviteiten lijken de afgelopen tien jaar iets van hun glans verloren te hebben. Dat is terecht. Toch zijn er nog altijd veel teams die daardoor hopen het onderlinge vertrouwen te bevorderen. Veeleisende en creatieve activiteiten buitenshuis, waarbij men elkaar dient te steunen en dient samen te werken, hebben zeker bepaalde voordelen. Toch vertalen de pluspunten zich niet altijd rechtstreeks naar het werk. Als hiermee rekening wordt gehouden, kunnen de hier bedoelde teamoefeningen zeker een waardevolle bijdrage leveren aan het teamwork. Voorwaarde is wel dat ze gedragen worden door meer relevante en fundamentele processen.

Hoewel al deze instrumenten en oefeningen een significant kortetermijneffect kunnen hebben op het vermogen van een team vertrouwen te ontwikkelen, dienden ze vergezeld te gaan van een regelmatige follow-up tijdens het dagelijkse werk. De gebieden waarop individuen zich ontwikkelen, dienen in de gaten te worden gehouden om te garanderen dat de vooruitgang niet weer verloren gaat. Zelfs bij een sterk team – en misschien wel juist daar – kan atrofie leiden tot een ondermijning van het vertrouwen.

DE ROL VAN DE LEIDER

Het belangrijkste wat een leider kan doen ter bevordering van het onderlinge vertrouwen is zichzelf als eerste kwetsbaar opstellen. Hierbij dient een leider het risico te aanvaarden gezichtsverlies te lijden tegenover het team: dan kunnen zijn ondergeschikten het risico ook nemen. Nog belangrijker is het dat teamleiders een omgeving creëren die kwetsbaarheid niet afstraft. Zelfs goedbedoelende teams kunnen vertrouwen ontmoedigen door het over en weer bestraffen van tekenen van zwakheid of mislukking. Ten slotte dienen de uitingen van kwetsbaarheid van de kant van een teamleider oprecht te zijn. Het moet geen spelletje worden. Een van de beste manieren om het vertrouwen van een team te verliezen, is het veinzen van kwetsbaarheid teneinde de emoties van anderen te manipuleren.

VERBAND MET FRUSTRATIE 2

Wat heeft dit allemaal te maken met de volgende frustratie, de angst voor conflicten? Door vertrouwen te ontwikkelen maakt een team conflicten mogelijk. De teamleden zullen niet aarzelen hartstochtelijke en soms emotionele discussies aan te gaan. Ze weten immers dat ze niet gestraft zullen worden als ze iets zeggen wat ook destructief of kritisch opgevat zou kunnen worden.

FRUSTRATIE 2: DE ANGST VOOR CONFLICTEN

Alle belangrijke, duurzame relaties hebben productieve conflicten nodig om te kunnen groeien. Dat geldt zowel voor het huwelijk als voor ouderschap en vriendschap. Het geldt zeker voor het bedrijfsleven.

Helaas zijn conflicten vaak taboe. Zeker op het werk is dat zo. Hoe hoger je in de hiërarchie komt, hoe vaker je ziet dat mensen onevenredig veel tijd en energie besteden aan pogingen juist die hartstochtelijke discussies te vermijden die essentieel zijn voor goed functionerende teams.

Het is belangrijk om een onderscheid te maken tussen aan de ene kant productieve, ideologische conflicten en aan de andere kant destructieve gevechten en politiek-strategische activiteiten. Ideologische conflicten blijven beperkt tot concepten en ideeën. Daarbij worden persoonlijke, malicieuze aanvallen vermeden. Deze conflicten kunnen echter sterk lijken op interpersoonlijke conflicten waarbij passies, emoties en frustraties een rol spelen. Een buitenstaander zou gemakkelijk kunnen denken dat sprake is van onproductieve onenigheid.

Teams die productieve conflicten aangaan, weten echter dat het enige doel daarvan is op de kortst mogelijke termijn de best mogelijke oplossing te bereiken. Ze bespreken problemen en lossen die ook sneller en vollediger op dan andere groepen. Uit verhitte debatten komen ze te voorschijn zonder dat er emotionele resten blijven hangen of schade is aangericht. Deze teams kenmerken zich juist door hun gretigheid en door de bereidheid om het volgende belangrijke probleem aan te pakken.

Het is ironisch dat teams die ideologische conflicten vermijden dat vaak doen teneinde te verhinderen dat de gevoelens van individuele teamleden gekwetst worden. Dat leidt er vervolgens toe dat gevaarlijke spanningen worden opgeroepen. Wanneer teamleden niet openlijk debatteren en van mening verschillen over belangrijke ideeën, nemen ze vaak hun toevlucht tot achterbakse persoonlijke aanvallen die veel onplezieriger en schadelijker zijn dan welke verhitte discussie ook over echte problemen.

Het is evenzeer ironisch dat zoveel mensen conflicten vermijden uit naam van de efficiëntie. Gezonde conflicten besparen juist veel tijd. In tegenstelling tot het idee dat teams tijd en energie verspillen door te discussiëren, zijn het juist de groepen die conflicten vermijden die zichzelf ertoe veroordelen telkens naar problemen terug te keren omdat er geen oplossing wordt bereikt. Van teamleden wordt vaak gevraagd om problemen te laten rusten. Dat lijkt een eufemisme voor het vermijden van de behandeling van een belangrijke kwestie. Het enige resultaat is dat de kwestie de volgende vergadering weer op de agenda staat.

SUGGESTIES VOOR HET TEGENGAAN VAN FRUSTRATIE 2

Hoe kan een team de vaardigheid en de bereidheid ontwikkelen om gezonde conflicten aan te gaan? De eerste stap is erkennen dat conflicten productief zijn en dat veel teams de neiging hebben conflicten te vermijden.

Teams die bang zijn voor conflicten

- hebben vervelende vergaderingen;
- creëren situaties waarin achterbakse politiek en persoonlijke aanvallen gedijen;
- negeren controversiële onderwerpen die van doorslaggevend belang zijn voor het succes van het team;
- slagen er niet in om te profiteren van de standpunten en perspectieven van de teamleden;
- verspillen tijd en energie met het ophouden van de schijn en met interpersoonlijk risicomanagement.

Teams die conflicten aangaan

- kunnen levendig en boeiend vergaderen;
- boren de ideeën van alle teamleden aan en profiteren daarvan;
- lossen echte problemen snel op;
- beperken de politieke activiteiten;
- brengen kritieke onderwerpen ter tafel.

Zolang teamleden geloven dat conflicten niet noodzakelijk zijn, is er weinig kans dat conflicten zullen voorkomen. Naast de erkenning van het belang van conflicten, zijn er een paar eenvoudige manieren om conflicten gewoner en productiever te maken.

Opgraven. Leden van teams die de neiging hebben conflicten te vermijden, moeten van tijd tot tijd de rol op zich nemen van een opgraver van conflicten: iemand die de verhulde conflicten binnen een team opspoort en aan het licht brengt. Zij dienen te beschikken over voldoende moed en vertrouwen om gevoelige kwesties aan de orde te stellen en om teamleden te dwingen daarmee aan de slag te gaan. Dit vereist een zekere mate van objectiviteit tijdens vergaderingen en de bereidheid om het conflict net zo lang aan te gaan tot het uit de wereld is. Soms kunnen teams een teamlid aanwijzen dat dan tijdens een bepaalde vergadering of discussie deze rol op zich neemt.

Vinger aan de pols. Tijdens het speuren naar conflicten dienen teamleden elkaar aan te sporen zich niet terug te trekken uit gezonde discussies. Een eenvoudig maar effectief middel daarvoor is herkennen wanneer mensen die betrokken zijn bij het conflict zich ongemakkelijk gaan voelen met de mate van onenigheid. Dan moet iemand tussenbeide komen om hen eraan te herinneren dat wat ze doen noodzakelijk is. Hoe eenvoudig en paternalistisch dit ook mag klinken, het is een opmerkelijk effectief instrument voor het afvoeren van spanning uit een productieve maar lastige gedachtenwisseling. Het geeft de deelnemers de moed om door te gaan. Is het debat of de vergadering eenmaal voorbij, dan kan het nuttig zijn om de deelnemers eraan te herinneren dat het conflict waar ze zojuist bij betrokken waren nuttig was voor het team en niet iets is wat in de toekomst vermeden dient te worden.

Andere instrumenten. Al eerder werd gezegd dat er een scala aan instrumenten bestaat met betrekking tot persoonlijke stijlen en gedragsvoorkeuren. Deze stellen teamleden in staat elkaar beter te begrijpen. Omdat de meeste instrumenten aangeven hoe verschillende typen omgaan met conflicten, kunnen ze nuttig zijn om mensen rekening te leren houden met hun aanpak van of weerstand tegen conflicten. Een ander instrument dat specifiek verband houdt met conflicten is het Thomas-Kilman Conflict Mode Instrument, doorgaans aangeduid als het TKI. Het stelt teamleden in staat hun natuurlijke reacties in verband met conflicten te begrijpen, zodat ze beter kunnen bepalen welke benaderingen in verschillende situaties gepast zijn.

DE ROL VAN DE LEIDER

Een van de lastigste uitdagingen voor een leider bij het bevorderen van gezonde conflicten is de wens teamleden in bescherming te nemen. Dit leidt tot een vroegtijdig ingrijpen bij meningsverschillen en verhindert dat de teamleden zelf de vaardigheid ontwikkelen met conflicten om te gaan. Dit heeft veel weg van ouders die hun kinderen te zeer beschermen tegen ruzies of onenigheid met broertjes en zusjes. In veel gevallen is het enige gevolg dat relaties onder druk komen te staan. De deelnemers wordt immers de mogelijkheid onthouden de benodigde vaardigheden zelf te ontwikkelen. Daardoor blijven ze uitkijken naar een oplossing – die echter nooit komt.

Vandaar dat het van doorslaggevend belang is dat teamleiders zich terughoudend opstellen wanneer hun mensen conflicten aangaan. Ze moeten oplossingen op natuurlijke wijze laten ontstaan. Dat kan een hele opgave zijn aangezien leiders vaak het gevoel hebben dat ze op de een of andere manier tekortschieten in hun werk als ze tijdens conflicten de controle over hun teams kwijt zijn.

Ten slotte is het van wezenlijk belang, hoe banaal het misschien ook klinkt, dat een leider persoonlijk over het vermogen beschikt om het passende conflictgedrag te vertonen. Door conflicten te vermijden als die noodzakelijk en productief zijn – iets wat veel managers doen – zal de leider van een team ervoor zorgen dat deze frustratie welig tiert.

VERBAND MET FRUSTRATIE 3

Wat heeft dit allemaal te maken met de volgende frustratie, het gebrek aan betrokkenheid? Door productieve conflicten aan te gaan en de perspectieven en standpunten van de teamleden te benutten, kan een team zich vol vertrouwen achter besluiten opstellen. Ze weten immers dat ze hun voordeel hebben gedaan met de ideeën van alle teamleden.

FRUSTRATIE 3: GEBREK AAN BETROKKENHEID

Binnen de context van teams is betrokkenheid een functie van twee zaken: duidelijkheid en steun. Goed functionerende teams nemen duidelijke beslissingen, en ze nemen die tijdig. Ze werken met complete instemming van alle teamleden, zelfs van diegenen die tegen het besluit hebben gestemd. Na het einde van de vergadering beseft iedereen dat geen enkel teamlid twijfelt over de vraag of de gemaakte keuzes moeten worden ondersteund.

Een team dat niet als eenheid optreedt

- creëert onduidelijkheid binnen het team over de richting en de prioriteiten;
- ziet kansen verdwijnen vanwege de niet-aflatende analyse en onnodige vertraging;
- creëert gebrek aan vertrouwen en angst voor mislukkingen;
- komt keer op keer op discussies en beslissingen terug;
- moedigt kritiek achteraf onder de teamleden aan.

Een team dat als eenheid optreedt

- schept duidelijkheid over de richting en de prioriteiten;
- verenigt het hele team rond gemeenschappelijke doelstellingen;
- ontwikkelt het vermogen om van fouten te leren;
- profiteert van kansen voordat de concurrentie dat doet;
- handelt zonder aarzeling;
- verandert zonder aarzeling of schuldgevoelens van richting.

De twee belangrijkste oorzaken van een gebrek aan betrokkenheid zijn het verlangen naar consensus en de behoefte aan zekerheid.

Consensus. Goed functionerende teams weten dat het gevaarlijk kan zijn naar consensus te zoeken. Ze weten dat er, ook als volledige overeenstemming onmogelijk is, manieren zijn om steun te verwerven. Ze begrijpen dat redelijke mensen niet per se hun zin hoeven te krijgen om zich toch achter een beslissing te scharen. Daarvoor is alleen nodig dat hun standpunten worden aangehoord en in de uiteindelijke besluitvorming meegewogen. Daardoor ontstaat de bereidheid samen verder te gaan, ongeacht de beslissing die uiteindelijk door de groep wordt genomen. En als er een impasse ontstaat, is het aan de teamleider om de knoop door te hakken.

Zekerheid. Goed functionerende teams zijn er trots op dat ze in staat zijn om zich achter beslissingen te stellen en zich te engageren met duidelijke actieplannen, zelfs als er weinig zekerheid bestaat over de juistheid van de beslissing. De reden is dat ze het aloude militaire gezegde begrijpen dat iedere beslissing beter is dan geen beslissing. Ze beseffen ook dat het beter is om een driest besluit te nemen en het mis te hebben – en vervolgens zonodig even driest van richting te veranderen – dan om te blijven praten.

Vergelijk dit eens met het gedrag van slecht functionerende teams. Die proberen zich in te dekken en stellen belangrijke beslissingen uit tot ze over genoeg gegevens beschikken. Ze willen er zeker van zijn het goede besluit te nemen. Hoe verstandig dit misschien ook lijkt, het is gevaarlijk. Het leidt tot verlamming en een gebrek aan vertrouwen binnen het team.

Het is belangrijk te bedenken dat conflict de basis vormt van de bereidheid zich ook bij onvoldoende informatie te engageren. In veel gevallen beschikken teams over alle informatie die ze nodig hebben. Die gegevens blijven echter verborgen in de geest van de teamleden in plaats van daar te worden uitgehaald door openhartige debatten. Pas wanneer iedereen zijn standpunten en perspectieven naar voren heeft gebracht, kan een team met vertrouwen een beslissing nemen. Het team weet dat het de collectieve kennis van de hele groep heeft aangeboord.

Of de behoefte aan consensus nu de oorzaak is of de behoefte aan zekerheid, men dient zich te realiseren dat een van de belangrijkste consequenties voor een managementteam dat zich niet achter duidelijke beslissingen opstelt, onoplosbare onenigheid dieper in de organisatie is. Meer dan een van de andere frustraties brengt deze gevaarlijke en blijvende effecten teweeg voor ondergeschikten. Als een managementteam er niet in slaagt om steun te verwerven van alle teamleden – zelfs wanneer de meningsverschillen betrekkelijk klein zijn – zullen de werknemers die aan deze managers rapporteren onvermijdelijk problemen ondervinden als ze proberen de marsorders te interpreteren. Die zijn dan duidelijk niet in overeenstemming met die van collega's op andere afdelingen. Kleine geschillen tussen managers hoog in de organisatie hebben tegen de tijd dat die de werknemers onder in de organisatie bereiken, een veel grotere omvang gekregen.

SUGGESTIES VOOR HET TEGENGAAN VAN FRUSTRATIE 3

Hoe gaat een team tewerk dat eenheid wil creëren? Het zet specifieke stappen ten gunste van maximale helderheid en het verwerven van steun, en het weerstaat de lokroep van consensus of zekerheid. Hier volgen een paar eenvoudige maar effectieve instrumenten en principes.

Besluitenlijst. Dit is een van de meest waardevolle technieken. Ieder team kan er bovendien over beschikken. Het kost een paar minuten, en verder niets. Aan het eind van een stafbijeenkomst of een verblijf elders zou een team de belangrijkste besluiten expliciet op papier moeten zetten. Verder zou men het erover eens moeten worden wat aan werknemers of andere belanghebbenden moet worden doorgegeven. Vaak gebeurt het tijdens deze oefening dat leden van een team merken dat ze het er niet over eens zijn wat nu precies besloten is. Bepaalde afspraken blijken dan nog niet helder genoeg geformuleerd te zijn. Bovendien ontstaat zo duidelijkheid over welke besluiten vertrouwelijk dienen te blijven en welke snel en ondubbelzinnig bekendgemaakt dienen te worden. Ten slotte gaat er een krachtig signaal uit naar de werknemers als aan het slot van een vergadering alle neuzen in dezelfde richting staan. Werknemers zijn eraan gewend geraakt om inconsistente en zelfs tegenstrijdige berichten te horen te krijgen van managers die dezelfde vergadering bezocht hebben. (Minimaal benodigde tijd: 10 minuten.)

Deadlines. Hoe simpel het ook lijkt, een van de beste instrumenten om commitment te realiseren, is het gebruik van duidelijke deadlines voor het nemen van beslissingen. Vervolgens dient men zich daar ook zonder meer aan te houden. De ergste vijand van een team dat vatbaar is voor deze frustratie is dubbelzinnigheid; een van de meest kritische factoren waarover duidelijkheid bereikt dient te worden, is de planning. Bovendien is het vaststellen van deadlines voorwaarde voor de planning van andere, eerder te nemen besluiten. Deze markeringspunten zijn zeker zo belangrijk als de uiteindelijke deadlines. Duidelijk wordt zo welke misverstanden er nog tussen de teamleden bestaan en daar kan vervolgens iets aan gedaan worden voordat de kosten te hoog oplopen.

De analyse van eventualiteiten en het worst-case scenario. Een team dat problemen ondervindt met het creëren van commitment, zou van tevoren plannen kunnen opstellen voor wat te doen bij eventualiteiten. Kunnen ze moeilijk tot een besluit komen dan zou het nog beter zijn als ze zich de slechtst mogelijke afloop proberen voor te stellen. Dit leidt doorgaans tot het inperken van eventuele angsten. Ze leren immers dat de kosten van een onjuist besluit niet catastrofaal hoeven te zijn.

Blootstelling aan lage risico's. Ook dit is een belangrijke oefening voor een team dat problemen heeft met commitment. Het gaat er hierbij om vastbeslotenheid te demonstreren in situaties met betrekkelijk lage risico's. Als teams zichzelf dwingen om besluiten te nemen na grondige discussie, maar zonder veel analyse of onderzoek, komen ze doorgaans tot het besef dat de kwaliteit van de beslissing die ze hebben genomen beter was dan ze hadden gedacht.

Teams merken dat, als men was overgegaan tot een langdurig en tijdrovend onderzoek, de beslissing niet veel anders zou zijn uitgevallen. Dat betekent niet dat onderzoek en analyse onnodig of onbelangrijk zijn. Het betekent wel dat teams die onder deze frustratie gebukt gaan de neiging vertonen daaraan te veel waarde te hechten.

DE ROL VAN DE LEIDER

Meer dan welk ander teamlid ook moet de leider zich op zijn gemak voelen bij het vooruitzicht een besluit te nemen dat uiteindelijk verkeerd kan blijken te zijn. De leider dient de groep voortdurend aan te sporen om de discussie rond problemen af te ronden en om zich te houden aan de planning die de groep zelf heeft vastgesteld. Wat een leider niet moet doen is een al te hoge premie plaatsen op zekerheid of consensus.

VERBAND MET FRUSTRATIE 4

Wat heeft dit allemaal te maken met de volgende frustratie, het ontlopen van verantwoordelijkheid? Willen teamleden elkaar kunnen aanspreken op hun gedragingen en handelingen, dan dienen ze een duidelijk beeld te hebben van wat er verwacht wordt. Zelfs degenen die het meest overtuigd zijn van de waarde van verantwoordelijkheid, schrikken er doorgaans voor terug om iemand te moeten aanspreken op iets wat nooit was afgesproken of duidelijk gemaakt.

FRUSTRATIE 4: HET ONTLOPEN VAN VERANTWOORDELIJKHEID

Iedereen heeft het over verantwoordelijkheid en het begrip heeft veel van zijn betekenis verloren. Het gebruik ervan is net zo overdadig als bij *kwaliteit* en *inspraak*. In verband met teamwork verwijst het echter specifiek naar de bereidheid van teamleden om collega's aan te spreken op prestaties of gedragingen die het team kunnen schaden.

In wezen betreft het hier de onwil van teamleden om het sociale ongemak te verdragen dat samengaat met het aanspreken van een collega op zijn of haar gedrag. Ook speelt de meer algemene neiging een rol om lastige gesprekken te vermijden. Leden van goed functionerende teams overwinnen deze natuurlijke neiging en zijn niet bang risico's te nemen.

Natuurlijk is dit makkelijker gezegd dan gedaan, zelfs als het gaat om teams met sterke onderlinge banden. Teamleden die nauw met elkaar samenwerken, aarzelen soms elkaar ter verantwoording te roepen juist vanwege de vrees een waardevolle persoonlijke relatie in gevaar te brengen. Ironisch genoeg leidt dit er alleen maar toe dat de relatie in kwaliteit afneemt. Teamleden gaan het elkaar kwalijk nemen dat ze niet aan de verwachtingen voldoen en dat ze toestaan dat de maatstaven worden uitgehold. Leden van goed functionerende teams verbeteren de onderlinge relaties door elkaar ter verantwoording te roepen. Op die manier laten ze zien dat ze elkaar respecteren en hoge verwachtingen koesteren omtrent elkaars prestaties.

Het mag misschien politiek incorrect klinken, maar het meest effectieve en efficiënte middel om hoge prestatiemaatstaven van een team te handhaven, is druk van collega's. Een van de voordelen hiervan is de beperking van de behoefte aan een overdreven bureaucratie rond prestatiemanagement en corrigerende maatregelen. Niets haalt het bij de vrees om gerespecteerde teamleden, die mensen motiveren hun prestaties te verbeteren, te laten vallen.

Een team dat verantwoordelijkheid mijdt
- creëert wrok tussen teamleden met onderling verschillende prestatiemaatstaven;
- moedigt middelmatigheid aan;
- mist deadlines en belangrijke afspraken;
- belast de teamleider onnodig aangezien hij de enige bron van discipline wordt.

Teamleden die elkaar op hun verantwoordelijkheden aanspreken
- zorgen ervoor dat collega's die slecht presteren zich aangespoord voelen beter hun best te doen;
- signaleren potentiële problemen snel door zonder aarzelen de benadering van een collega ter discussie te stellen;
- bevorderen dat collega's die dezelfde hoge maatstaven aanleggen elkaar respecteren;
- vermijden buitensporige bureaucratie in verband met prestatiemanagement en corrigerende maatregelen.

SUGGESTIES VOOR HET TEGENGAAN VAN FRUSTRATIE 4

Hoe zorgt een team ervoor dat de leden hun verantwoordelijkheid nemen? De sleutel voor het tegengaan van deze frustratie is de inzet van enkele even effectieve als eenvoudige klassieke managementinstrumenten.

De publicatie van de doelstellingen en maatstaven. Een goede manier om het teamleden gemakkelijker te maken elkaar ter verantwoording te roepen, is openbaar te maken wat het team dient te presteren, wie wat dient te doen en hoe iedereen zich dient te gedragen ten einde succes te boeken. De vijand van verantwoordelijkheid is dubbelzinnigheid. Daarom blijft het belangrijk, zelfs wanneer een team een plan of een reeks gedragsmaatstaven heeft onderschreven, om aan die overeenstemming ruchtbaarheid te geven. Dat maakt het onmogelijk die gemakkelijk te negeren.

Eenvoudige, regelmatige voortgangsbesprekingen. Een beetje structuur kan mensen al flink op weg helpen acties te ondernemen waartoe ze anders niet zo snel zouden overgaan. Dat geldt zeker als het erop aankomt mensen feedback te geven over hun gedrag of prestaties. Teamleden dienen regelmatig met elkaar te overleggen, hetzij verbaal hetzij schriftelijk, over hoe naar hun mening de teamleden functioneren ten opzichte van vastgestelde doelstellingen en maatstaven. Ervan uitgaan dat iedereen dat voor zichzelf zal doen, dus zonder duidelijke verwachtingen of structuur, komt neer op een uitnodiging voor het vermijden van verantwoordelijkheid.

Teambeloningen. Door het verschuiven van de beloning van individuele prestaties naar teamprestaties, kan het team een cultuur van verantwoordelijkheid creëren. Als een van de teamleden zijn of haar taken niet vervult, zal een team waarschijnlijk niet rustig afwachten tot de mislukking een feit is.

DE ROL VAN DE LEIDER

Een van de lastigste uitdagingen voor een leider die verantwoordelijkheid in zijn team wil introduceren, is het aanmoedigen en het laten functioneren van het team als het primaire podium van verantwoordelijkheid. In sommige gevallen creëren sterke leiders op een terloopse manier een verantwoordelijkheidsvacuüm binnen een team, waardoor ze zelf overblijven als de enige bron van discipline. Hierdoor ontstaat een situatie waarin teamleden ervan uitgaan dat het de leider is die anderen ter verantwoording roept. Daardoor houden ze zichzelf in, ook als ze zien dat er iets niet klopt.

Heeft een leider bij een team eenmaal een cultuur van verantwoordelijkheid geïntroduceerd, dan moet hij of zij ook bereid zijn, als het team zelf daarin faalt, te functioneren als de uiteindelijke scheidsrechter aangaande discipline. Als het goed is, komt dit maar zelden voor. Niettemin, het moet alle teamleden duidelijk zijn dat verantwoordelijkheid niet neerkomt op een consensusbenadering, maar op een gemeenschappelijke teamverantwoordelijkheid. Duidelijk moet ook zijn dat de leider van het team zonodig niet zal aarzelen op te treden.

VERBAND MET FRUSTRATIE 5

Wat heeft dit allemaal te maken met de volgende frustratie, te weinig aandacht voor resultaten? Als teamleden niet verantwoordelijk worden gehouden voor hun bijdragen, zullen ze zich waarschijnlijk concentreren op hun eigen behoeften en op hun eigen belang of het belang van hun afdelingen. De afwezigheid van een cultuur van verantwoordelijkheid betekent voor teamleden een aansporing om hun aandacht van de collectieve resultaten naar elders te verplaatsen.

FRUSTRATIE 5: TE WEINIG AANDACHT VOOR RESULTATEN

De allerbelangrijkste frustratie van een team is de neiging van de leden zich meer te richten op iets anders dan de teamdoelstellingen. Een niet-aflatende concentratie op specifieke doelstellingen en duidelijk omschreven resultaten is een absolute noodzaak voor ieder team dat zichzelf op prestaties beoordeelt.

Bij resultaten dient overigens niet alleen gedacht te worden aan financiële maatstaven als winst, omzet of aandeelhoudersrendement. Hoewel veel organisaties in een kapitalistische economie hun succes uiteindelijk afmeten aan deze grootheden, verwijst deze frustratie naar een veel bredere definitie van resultaten, een definitie die rekening houdt met de geleverde prestaties.

Iedere goede organisatie legt vast wat zij in een bepaalde periode wil bereiken. Het zijn deze doelen die, veel eerder dan de financiële cijfers, aangeven welke resultaten op korte termijn behaald dienen te worden. Winst mag dan de uiteindelijke maatstaf vormen voor het functioneren van een onderneming, de doelen die managers zichzelf stellen op weg daarnaartoe bieden een betrouwbaarder beeld van de resultaten waar men als team naar streeft. Uiteindelijk liggen deze doelstellingen ten grondslag aan de winst.

Een team waarbij resultaten niet op de eerste plaats komen

- stagneert en slaagt er niet in zich te ontwikkelen;
- slaagt er zelden in de concurrentie achter zich te laten;
- raakt prestatiegerichte werknemers kwijt;
- moedigt teamleden aan zich te concentreren op de eigen loopbaan en individuele doelstellingen;
- laat zich gemakkelijk afleiden.

Een team dat zich concentreert op de collectieve resultaten

- houdt prestatiegerichte werknemers vast;
- minimaliseert individualistisch gedrag;
- geniet van successen en lijdt onder mislukkingen;
- profiteert van individuen die hun eigen doelstellingen/belangen ondergeschikt maken aan het teambelang;
- zorgt ervoor niet te worden afgeleid.

Waar zou een team trouwens anders op gericht moeten zijn dan op resultaten? De belangrijkste kandidaten hier zijn teamstatus en individuele status.

Teamstatus. Voor leden van bepaalde teams is het feit dat ze deel uitmaken van dat team al voldoende reden voor tevredenheid. Het bereiken van specifieke resultaten is voor hen wellicht wenselijk, het is niet noodzakelijk grote opofferingen of ontberingen waard. Hoe belachelijk en gevaarlijk dit ook mag lijken, veel teams worden het slachtoffer van de lokroep van de status. Vaak overkomt dit niet-commerciële welzijnsinstellingen. Ze gaan geloven dat de verhevenheid van hun missie op zich al voldoende reden voor tevredenheid is. Politieke groeperingen, universiteitsafdelingen en prestigieuze bedrijven zijn ook gevoelig voor deze frustratie. Voor hen is ieder verband met hun specifieke organisatie al een aanwijzing voor succes.

Individuele status. Dit verwijst naar de bekende neiging van mensen zich ten koste van hun team te concentreren op het verbeteren van hun eigen positie of hun carrièrevooruitzichten. Hoewel mensen een aangeboren neiging hebben tot zelfbehoud dient een functioneel team ervoor te zorgen dat de collectieve resultaten van de groep voorrang hebben boven de individuele doelstellingen van de teamleden.

Hoe vanzelfsprekend deze frustratie op het eerste gezicht ook lijkt en hoe duidelijk het misschien ook is dat hij vermeden dient te worden, het is toch belangrijk op te merken dat veel teams zich domweg niet concentreren op de resultaten. Ze doen er niet alles aan zinnige doelstellingen te realiseren; ze zijn er tevreden mee te bestaan of te overleven. Helaas voor deze groepen kan ook het ontbreken van de andere vier frustraties geen compensatie bieden voor het ontbreken van de wens om de beste te zijn.

SUGGESTIES VOOR HET TEGENGAAN VAN FRUSTRATIE 5

Hoe zorgt een team ervoor dat het zijn aandacht richt op resultaten? Door duidelijk te zijn over die resultaten en alleen gedrag te belonen dat aan die resultaten een bijdrage levert.

Openbaarmaking van resultaten. Een van de vervelendste dingen die de coach van een voetbal- of basketbalteam kan overkomen, is dat een speler publiekelijk aankondigt dat zijn team de volgende wedstrijd zal winnen. Ook voor een atletiekteam is dat een probleem, aangezien het de concurrentie nodeloos kan prikkelen. Voor de meeste andere teams is het echter nuttig in het openbaar uitspraken te doen over de gewenste successen.

Teams die bereid zijn om zich publiekelijk vast te leggen op bepaalde doelstellingen, werken waarschijnlijk hartstochtelijker voor het bereiken van die resultaten. Teams die zeggen dat ze hun best wel zullen doen, bereiden zich subtiel – om niet te zeggen doelbewust – voor op een mislukking.

Resultaatafhankelijke beloningen. Een effectieve manier om ervoor te zorgen dat teamleden zich concentreren op de resultaten, is het verbinden van de beloning – en vooral van de bonussen – aan het bereiken van specifieke resultaten. Het is de vraag of het wenselijk is alleen hierop te vertrouwen aangezien het de indruk kan wekken dat financiële prikkels de enige drijfveer vormen van menselijk gedrag. Niettemin, wanneer bij uitblijvende resultaten iemand toch een bonus krijgt omdat hij zo zijn best heeft gedaan, gaat daarvan het signaal uit dat het bereiken van resultaten misschien toch niet zo heel belangrijk is.

DE ROL VAN DE LEIDER

Misschien nog wel meer dan bij een van de andere frustraties moet de leider voorop gaan bij het centraal stellen van de resultaten. Als teamleden merken dat hun leider iets anders meer waardeert dan resultaten, zullen ze dat opvatten als de toestemming hetzelfde te doen. Teamleiders dienen onzelfzuchtig en objectief te zijn. Ze dienen beloningen en waardering te reserveren voor teamleden die werkelijk bijdragen aan het realiseren van de groepsdoelstellingen.

SAMENVATTING

Hoeveel informatie hier ook is opgenomen, feit blijft dat teamwork uiteindelijk neerkomt op het gedurende langere tijd in praktijk brengen van een klein aantal uitgangspunten. Succes is geen kwestie van het zich eigen maken van subtiele en geavanceerde theorieën. Het gaat eerder om het combineren van gezond verstand met een ongebruikelijke mate van discipline en vasthoudendheid.

Ironisch genoeg zijn succesvolle teams bij uitstek menselijk. Door rekening te houden met menselijke onvolkomendheden overwinnen leden van functionele teams de natuurlijke neigingen die verhinderen dat vertrouwen, conflict, betrokkenheid, verantwoordelijkheid en de concentratie op resultaten de hen passende plaats krijgen.

EEN LAATSTE AANTEKENING: DE METHODEN VAN CATHERINE

Catherine besefte dat een sterk team veel tijd samen doorbrengt en dat het op die manier in feite tijd bespaart. Zo wordt onduidelijkheid geëlimineerd en worden nodeloze inspanningen en communicatie tot een minimum beperkt. Alles bij elkaar besteden Catherine en haar team ieder kwartaal ongeveer acht dagen aan standaardvergaderingen, wat neerkomt op nog geen drie dagen per maand. Hoe weinig dit ook mag lijken, de meeste managementteams vinden het bezwaarlijk zoveel tijd gemeenschappelijk door te brengen. Ze geven er de voorkeur aan *echt te werken.*

Er bestaan veel verschillende manieren om leiding te geven aan een managementteam. Toch zijn de methoden van Catherine het waard bekeken te worden. Hier volgt een beschrijving van haar manier van leidinggeven aan haar staf, na de aanvankelijke teambuilding en de forse tijdsinvestering die dat vergde:

1. Jaarlijks een planningsvergadering en een studiebijeenkomst rond leiderschap (drie dagen, extern). Onderwerpen kunnen zijn: budgetten, strategische thema's, training leidinggeven, planning van de opvolging, interne communicatie.
2. Stafvergaderingen, een per kwartaal (twee dagen, extern). Onderwerpen kunnen zijn: belangrijke doelstellingen, financiële kwesties, strategische discussies, werknemersprestaties, aanpak van urgente kwesties, teamontwikkeling, interne communicatie.
3. Stafbijeenkomsten, wekelijks (twee uur, intern). Tot de onderwerpen kunnen behoren: belangrijke activiteiten, het realiseren van doelstellingen, klanten, verkoopbesprekingen, tactische kwesties, interne communicatie.

4. Ad-hocvergaderingen (twee uur, intern). Mogelijke onderwerpen zijn: strategische kwesties die niet adequaat tijdens de wekelijkse stafvergaderingen besproken kunnen worden.

EEN BIJZONDER EERBETOON AAN TEAMWORK

Toen dit boek bijna klaar was, deden de verschrikkelijke gebeurtenissen van 11 september 2001 zich voor. Tegelijkertijd waren we getuige van een buitengewoon inspirerend voorbeeld van teamwork. Daarvoor wil ik hier mijn respect uitspreken.

De mannen en vrouwen werkzaam bij de brandweer, de hulpdiensten en de politie in New York City, Washington D.C. en Pennsylvania lieten zien wat mensen die samenwerken tot stand kunnen brengen. Een groep van louter individuen zou het nooit zover hebben gebracht.

Werknemers van hulpdiensten vormen teams die niet alleen samenwerken maar ook samenleven. Tussen de teamleden ontstaan vertrouwensrelaties die alleen te vergelijken zijn met die binnen gezinnen. Daardoor kunnen zij zeer specifieke en openhartige discussies aangaan over de juiste wijze van optreden in situaties waarin iedere seconde telt. Ook onder de gevaarlijkste omstandigheden – wanneer de meeste mensen meer informatie zouden willen hebben alvorens in actie te komen – scharen zij zich zonder aarzelen achter duidelijke richtlijnen. Hoe beperkt de informatie ook is, ze aarzelen niet om hun collega's aan te sporen en hen aan te spreken op hun specifieke taak. Ze beseffen maar al te goed dat het levensgevaarlijk is als ook maar één teamlid het laat afweten.

Uiteindelijk bewijzen de resultaten wat een team waard is. Als we bedenken dat tienduizenden mensen konden ontsnappen uit de torens van het World Trade Center in New York en het Pentagon in Washington D.C., is zonder meer duidelijk dat de teams die met inzet van hun eigen leven anderen trachtten te redden, van een buitengewoon kaliber waren.

God zegene zowel hen als degenen voor wie zij zich hebben ingezet.

DANKWOORD

Dit boek is uiteindelijk het resultaat van een teaminspanning. Teams stonden me bij tijdens het schrijven, tijdens mijn opleiding en mijn loopbaan. Ik zou graag de mensen bedanken die mij tot steun zijn geweest.

Allereerst bedank ik het hoofd van mijn eerste – eigen – team, mijn vrouw Laura, voor haar onvoorwaardelijke liefde en haar niet-aflatende betrokkenheid bij mij en de jongens. Ik dank ook Matthew en Connor, die al snel zullen kunnen lezen, al geven ze dan de voorkeur aan Dr. Seuss boven mijn boeken. Zij geven mij veel vreugde.

Ook mijn team van The Table Group bedank ik. Zonder hun ideeën, tekstuele correcties en passie zou dit boek niet tot stand zijn gekomen. De reikwijdte en kwaliteit van hun betrokkenheid verbaast en raakt me voortdurend. Zij hebben me meer over echt teamwork geleerd dan welke andere groep ook.

Ik wil mijn ouders bedanken voor hun steun en liefde. Zij hebben mij altijd het emotionele vertrouwen geboden dat ik nodig had om risico's te durven nemen en dromen na te jagen.

Ik dank mijn broer Vince Geens voor zijn passie, zijn intensiteit en medeleven, en mijn zuster Ritamarie voor haar wijsheid, liefde en geduld. Met de jaren zijn die steeds meer voor me gaan betekenen.

Ik dank ook mijn verdere familie voor hun belangstelling en vriendelijkheid. Die betekenen veel voor me.

Dank ook aan Barry Belli, Will Garner, Jamie en Kim Carlson, de Beans, de Elys, en de Patchs voor hun jarenlange belangstelling en vriendschap.

Ik dank alle managers en mentoren die ik in mijn carrière heb gehad. Ik bedank Joel Mena voor zijn passie en liefde, Rick Robles voor zijn coaching en onderwijs, en al die andere docenten en coaches die ik had bij de School van de Vrouwe van Eeuwigdurende Bijstand, bij de Garces High School en bij het McKenna College in Claremont.

Ik dank de vele cliënten waarmee ik de afgelopen jaren heb samengewerkt voor hun vertrouwen en hun betrokkenheid bij de opbouw van gezondere organisaties.

Speciaal wil ik mijn agent, Jim Levine, bedanken voor zijn bescheidenheid en zijn nadruk op excellentie. Mijn redacteur Susan Williams dank ik voor haar enthousiasme en flexibiliteit. Ik dank iedereen bij Jossey-Bass en Wiley voor hun volharding, steun en betrokkenheid.

OVER DE AUTEUR

Patrick Lencioni is oprichter en directeur van The Table Group, een managementadviesbureau dat zich specialiseert in managementteams en duurzame organisatieontwikkeling. Hij heeft met duizenden leidinggevenden gewerkt in organisaties variërend van bedrijven uit de Fortune 500 en hightechbedrijven tot universiteiten en nonprofitorganisaties. Bedrijven die van zijn diensten gebruik hebben gemaakt zijn onder andere Southwest Airlines, Sam's Club, Microsoft, New York Life, Cox Communications, Washington Mutual, Visa, FedEx en de U.S. Military Academy, West Point, om er maar een paar te noemen. Hij heeft inmiddels zes boeken op zijn naam staan, waaronder *De vijf valkuilen voor managers* en *De drie symptomen van een rotbaan*.

Patrick woont in de omgeving van San Francisco met z'n vrouw Laura en hun vier zoons Matthew, Connor, Casey en Michael. Meer informatie over Patrick en The Table Group is te vinden op www.tablegroup.com.

DE VIJF VALKUILEN VOOR MANAGERS

Een onderneming leiden is eigenlijk heel simpel, als je tenminste niet in een van de vijf valkuilen voor managers trapt. In deze parabel voert Patrick Lencioni een adviseur ten tonele die Andrew O'Brien, directeur van een bedrijf in problemen, deze openbaring doet. Ze ontmoeten elkaar 's nachts in de metro en raken in gesprek over de fundamentele problemen waarmee veel leiders worden geconfronteerd. Zo zijn er vijf valkuilen: status, populariteit, zekerheid, harmonie en onkwetsbaarheid.

Lencioni laat in *De vijf valkuilen voor managers* zien hoe je deze valkuilen kunt overwinnen. In het tweede deel werkt hij het onderliggende model uit en geeft nuttige instrumenten om het in de praktijk toe te passen. Een boek met een helder verhaal voor iedereen die leiding geeft aan een bedrijf of afdeling.

ISBN 978 90 470 0195 9

DE DRIE SYMPTOMEN VAN EEN ROTBAAN

Je hebt goede en slechte banen – smaken verschillen – maar je hebt ook regelrechte rotbanen. Volgens Patrick Lencioni kun je een rotbaan herkennen aan drie symptomen: je werk is anoniem, onbelangrijk en ongemeten. Anders gezegd: als er niemand is die jouw inzet erkent ben je anoniem bezig; als je werk er voor niemand toe lijkt te doen is het onbelangrijk; als je niet over objectieve maatstaven beschikt voor het effect van je werk ben je overgeleverd aan de grillen en oordelen van je collega's.

Lencioni biedt ons de mogelijkheid om die drie symptomen te bestrijden. Hij doet dat aan de hand van een parabel waarin Brian Bailey, een rijke gepensioneerde ceo, besluit weekendmanager te worden bij een pizzatent. Hij treft daar nogal wat ongelukkige werknemers aan en ontwikkelt een methode om het werk weer leuk te maken. Dat lukt. Binnen de kortste keren verandert de pizzatent in een plezierige werkplek. De moraal van dit verhaal wordt door Lencioni uitgewerkt in een korte theorie die meteen toepasbaar is in de praktijk.

De drie symptomen van een rotbaan is een inspirerend verhaal met een praktisch doel: hoe maak je van een rotbaan weer een leuke baan? Een echte eyeopener voor managers, of je nu een team van twee of honderd medewerkers aanstuurt, en voor iedereen die zich afvraagt of zijn baan wel leuk genoeg is.

ISBN 978 90 470 0083 9